평강의 주께서

친히

때마다 일마다

평강을 주시기를 기도하며

특별히

＿＿＿＿＿＿님께

드립니다.

요나서·빌레몬서 강해설교

이렇게 증거하라

이동원 목사

도서출판 나침반社

선교의 웅지 (雄志) 와
기상을 품고…

　한국 교회는 프로테스탄트 선교 백년사에 선교사상 유례 없는 증거의 기적을 낳았읍니다. 이제 우리는 세계 선교의 웅지 (雄志) 와 기상을 품고 선교의 빚을 갚는 대열에 가담하기 시작했읍니다.
축복된 일입니다.
찬양할 일입니다.
그러나 아직 선교의 신학 (Theology of Mission) 을 정립 하지 못하고 있는 우리의 현실 또한 부인할 수 없읍니다.

증거의 범주가 국외적이든 국내적이든 건강한 신학은 성경에서부터 출발해야 한다는 것이 저자의 확신입니다. 성경으로 돌아가 성경신학이 증거하는 증거의 모델을 발견하기까지는 우리는 증거의 방황을 계속하게 될 것입니다. 따라서 가장 창조적이고 명백한 성경적 선교 운동의 출발은 성경 공부라고 생각합니다. 이 명제에 대하여 가장 좋은 본보기를 구약의 요나서와 신약의 빌레몬서에서 발견할 수 있습니다.

요나서가 국외 선교의 바른 자세와 정신을 가르치고 있음에 반하여 빌레몬서는 책임 있는 전도에 대한 구체적인 사례와 특성을 제시하고 있습니다. 이 두 권의 책은 쉽고 간략한 스토리로 구성되고 있습니다. 저자는 가능한 쉬운 일상적 언어로 이 증거의 언어들을 재해석하려고 시도하였습니다. 난해한 신학 언어는 오히려 증거의 거침돌이 될 수 있기 때문입니다.

구약과 신약이 함께 만나는 증거의 교차로에서 "우리를 보내시는" 주님의 음성을 듣게 뇌기를 기도하겠습니다.

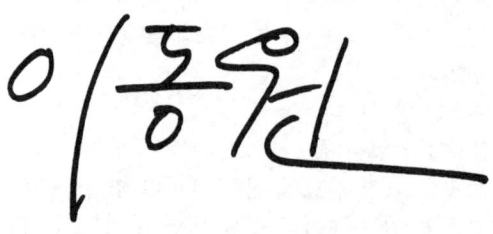

차 례

요나서

서 론

Ⅰ. 요나서 연구 목적

나서를 연구하려는 목적을 먼저 말씀 드리려고 합니다.

첫째로, 요나서는 다른 어떤 책보다도 오늘날의 교회상을 잘 조명해 주고 있다고 생각되었기 때문입니다.
우리는 요나서를 통해서 주님의 명령을 수행하지 못하고 도피하고 있는 20세기의 현대 교회상을 다시 한번 바라보게 될 것입니다. 주님께서 말씀하시는 것과 정반대의 방향으로 달리고 있는 오늘의 교회들을 향해 요나서는 선교를 외칩니다. 선교하지 않고 있는 오늘의 교회들은 어쩌면 요나서에 나타난 말씀 속의 모습이 아닐 수 없읍니다. 주의 말씀을 불순종하고 그 죄의식을 은폐하기 위해서 잠을 청하고 있는 오늘의 교회상을 우리는 요나서를 통해서 다시 한번 재조명할 수 있을 것입니다.

둘째로, 오늘날의 성도상을 잘 보여 주고 있기 때문입니다.

우리는 요나서를 통해서 문자 그대로 요 "나"를 발견합니다. 여기에서 우리는 하나님의 말씀을 피하여 도망하고 있는 나 자신의 자화상을 발견합니다. 또 이 말씀 앞에 순종해서 선교의 걸음을 걸어야 할 나의 진정한 자화상을 다른 어떤 성경의 책보다 요나서를 통해서 잘 헤아릴 수 있읍니다.

세째로, 한 걸음 더 나아가 요나서를 통해서 교회와 성도의 진정한 선교의 소명을 살피려고 합니다.

그리고 선교의 참된 자세를 다시 한번 정립하려고 합니다. 우리의 교회가 선교하는 교회로 발돋음하기 위해서, 또 우리 개개인이 선교하는 그리스도의 증인이 되기 위해서 선교의 자세는 어떠해야 하는지 요나서를 통해 살피고 싶은 것입니다.

Ⅱ. 요나서 전체의 구조

우리는 맨 처음 요나서 전체의 그림을 그려 보려고 합니다. 도시 전체의 지도를 알고 있어야 우리가 어디에 서 있는지, 그리고 어디를 향해 가고 있는지 잘 이해할 수 있듯이 말입니다. 성경 공부의 중요한 비결 중의 하나는 그 성경의 전체 구조를 이해하고 각 부분을 다루는 일입니다. 숲을 아는 사람은 그 숲의 어느 골짜기에서도 당황할 필요가 없읍니다. 그래서 요나서 전체의 그림을 먼저 그려 보도록 하겠읍니다.

요나서는 짧막한 책으로서, 모두 4 장으로 되어 있읍니다. 이 4 장을 통해서 각 장마다 그 장을 대표하고 있는 멧세지를 나타내는 가장 중심되는 구절을 하나씩 뽑도록 하겠읍니다.

1 장에서 가장 중요한 구절은 3 절입니다.

"그러나 요나가 여호와의 낯을 피하려고 일어나 다시스로 도
망하려 하여 욥바로 내려 갔더니 마침 다시스로 가는 배를 만
난지라 여호와의 낯을 피하여 함께 다시스로 가려고 선가를
주고 배에 올랐더라."
이 3절의 말씀에 근거해서 1장에 나타난 요나의 얼굴을 그려
본다면 어떤 요나를 발견할 수 있읍니까? "하나님으로부터
도피하고 있는 요나", 즉 하나님으로부터 떠나는 요나의 모
습을 발견합니다.

그러나 2장에 들어가면 1장과는 다른 요나의 얼굴을 발견
하게 됩니다.
2장에서 가장 중요한 구절은 4절입니다.
"내가 말하기를 내가 주의 목전에서 쫓겨났을지라도 다시 주
의 성전을 바라보겠다 하였나이다."
요나는 다시 주의 성전을 바라보겠다고 합니다. 1장에서 우
리는 하나님으로부터 떠나는 요나의 얼굴을 보았읍니다. 그러
나 2장에서 요나의 다른 얼굴을 보게 됩니다. 그는 다시 하
나님을 바라봅니다. 그리고 하나님을 향해서 달려오고 있읍니
다. 다시 말씀드리면 2장에 나타난 요나는 "하나님을 향해서
달려오는 요나"입니다.
오늘 우리 가운데 하나님으로부터 피하고 있는 분들이 계십
니까? 하나님의 낯을 피하여 하나님 앞에서 숨고 있는 성도
들이 계시다면 2장에 나타난 요나의 모습을 통해서 하나님과
나 사이의 바른 관계를 회복할 필요가 있읍니다.

3장에서 가장 중요한 구절은 3절입니다.
"요나가 여호와의 말씀대로 일어나서 니느웨로 가니라 니느웨
는 극히 큰 성읍이므로 삼 일길이라."
요나가 여호와의 말씀대로 일어났다는 것은 참으로 중요한 말
씀입니다. 1장에서도 하나님의 말씀이 들려 왔지만 요나는 이

말씀을 망각했읍니다. 그리고 나를 향해서 가까이 오고 있는 이 하나님의 명령을 무시하고 하나님으로부터 도피하고 있었 읍니다. 그러나 3장은 "요나가 여호와의 말씀대로 일어나"라 고 말합니다.

3장에 나타난 요나의 얼굴을 이렇게 묘사하고 싶습니다. "하나님과 함께 달리고 있는 요나."

3장에서는 이제 요나가 하나님과 보조를 맞춥니다. 하나님과 함께 하나님의 뜻을 이루기 위해서 하나님이 보내는 곳인 니 느웨 성을 향해서 가고 있읍니다.

4장에 나타나는 요나의 모습은 어떤 모습일까요? 여기서 우리는 또 다른 요나의 모습을 보게 됩니다.

4장에서 가장 중요한 요절은 5절입니다.

"요나가 성에서 나가서 그 성 동편에 앉되 거기서 자기를 위 하여 초막을 짓고 그 그늘 아래 앉아서 성읍이 어떻게 되는 것을 보려 하니라."

이 말씀에서 중요한 단어는 "앉았다"는 단어입니다. 우리는 3장에서 달리는 요나를 보았읍니다. 그러나 여기서 요나는 주 저앉았읍니다. 여기 나타난 요나는 "주저앉은 요나"입니다.

3장의 요나처럼 우리는 열심히 하나님과 함께 뜁니다. 그러 다가 어느 한순간 불현듯 한 사건 때문에, 내 의식 속에 들 어온 한 가닥의 생각 때문에 맥이 풀려 주님 앞에 주저앉아 피곤과 낙심과 절망에 빠지는 자신의 모습을 발견합니다.

그러므로 요나는 결코 역사적 인물인 요나로 그칠 수가 없 는 것입니다. 요나는 정녕 요 "나"입니다. 그러나 요나서는 결코 절망적으로 끝나지 않습니다. 요나서의 스토리는 마지막 에 주저앉은 요나를 하나님께서 다시 어떻게 일으켜 세우셔서 그를 어떻게 다시 사명의 장으로, 선교의 장으로 내보내시는 지 살피게 될 것입니다.

Ⅲ. 인물의 배경

1절은 이렇게 시작합니다.

"여호와의 말씀이 아밋대의 아들 요나에게 임하니라."

우리는 요나가 누구인가를 알 길이 없습니다. 왜냐하면 성경에 요나라는 인물에 대한 자세한 배경이 묘사되어 있지 않기 때문입니다. 그래서 어떤 사람은 요나의 역사적 실재성을 의심하기도 합니다. 그러나 저는 요나의 역사적 실재성을 의심할 필요가 전혀 없다고 봅니다.

신약성경에 보면 예수께서 요나서를 인용하는 것을 발견하게 됩니다. 요나의 사건을 말씀하시는 주님의 언어 속에는 요나에 대한 역사적 실재성을 조금도 의심한 흔적이 없습니다.

예를 들어 누가복음 11장 30절을 보겠읍니다.

"요나가 니느웨 사람에게 표적이 됨과 같이 인자도 이 세대에 그러하리라."

이 말씀에서 보는 바와 같이 주님은 구약시대에 있었던 요나의 역사적 사건을 의심없이 그대로 인용하셨읍니다. 이것은 요나서가 가지고 있는 역사적 무게를 우리에게 더한층 입증해 줍니다.

마태복음 12장에서도 주님께서는 또 한번 요나서를 인용하십니다.

39절을 보겠읍니다.

"예수께서 대답하여 가라사대 악하고 음란한 세대가 표적을 구하나 선지자 요나의 표적밖에는 보일 표적이 없느니라."

이 말씀에서 주님은 요나를 선지자로 묘사합니다. 그리고 그가 행한 표적에 관해서 주님은 익숙히 알고 계셨읍니다.

"요나가 밤낮 사흘을 큰 물고기 뱃속에 있었던 것 같이 인자도 밤낮 사흘을 땅 속에 있으리라"(40절).

그러면 구약의 역사적 장으로 돌아가서 과연 구약의 역사

속에서 요나라는 인물을 만날 수 있는지 찾아 보기로 하겠읍니다. 우리는 구약에서 요나의 배경을 나타내는 주요한 말씀 한 구절을 알고 있읍니다.

열왕기하 14장 25절을 보겠읍니다.

"이스라엘 하나님 여호와께서 그 종 가드헤벨 아밋대의 아들 선지자 요나로 하신 말씀과 같이 여로보암이 이스라엘 지경을 회복하되 하맛 어귀에서부터 아라바 바다까지 하였으니."

이것은 구약의 역사에서 나오는 말씀입니다. 구약의 역사적인 장 속에 요나에 관한 기록이 분명하게 나타나고 있읍니다. 이 말씀에서도 요나를 아밋대의 아들로 묘사하고 있읍니다.

요나는 실제로 살았던 역사적인 인물입니다. 요나가 주는 교훈은 참으로 의미심장합니다. 뿐만 아니라 한 걸음 더 나아가서 요나가 역사적으로 실재하였던 인물인 것을 성경을 통해서 볼 수 있읍니다. 그는 북이스라엘 여로보암 왕 2세의 통치 시대에 살았읍니다. 우리는 그 이상의 정보를 알지 못합니다. 요나가 어떤 인물이며, 요나가 어떠한 가정적 배경에서 자라났는지, 요나의 소년기가 어떠했는지 잘 알 길이 없읍니다.

그러나 요나서 1장 1절을 통해서 요나라는 인물에 관한 중요한 한 가지 단서를 찾을 수 있읍니다.

"여호와의 말씀이 아밋대의 아들 요나에게 임하니라."

이 말씀에서 요나는 훌륭한 신앙적 가정에서 태어난 사람이라는 것을 짐작할 수 있읍니다. 그 아버지의 이름은 아밋대입니다. 이 "아밋대"라는 말은 『아멘』이라는 말과 같은 단어에서 파생된 것입니다.

『아멘』이라는 말은 "하나님의 약속은 진실로 그렇습니다"라는 뜻입니다. 이 말은 약속에 대한 하나님의 신실성을 확인하는 고백입니다. "하나님은 진리이십니다. 하나님은 진실하십니다. 그래서 진실하신 하나님은 약속대로 행하실 것입니다"라는 우리의 신뢰가 이 『아멘』이라는 고백 속에 포함되어 있읍니다.

요나의 아버지의 이름인 "아밋대"라는 이름이 시사해 주는 것처럼 요나의 집안은 신앙의 가정이었음을 알 수 있읍니다.

"요나"라는 말은 본래 "비둘기"라는 뜻입니다. 이 이름은 아름다운 이름입니다. 아마도 그 아버지는 사랑하는 아들 요나를 통해서 하나님의 말씀이 전파되기를 바랬을 것입니다. 기쁜 소식을 전하는 비둘기처럼 아마도 그의 아들이 하나님의 말씀을 증거하는 자랑스런 아들이 되기를 기대하는 아버지의 뜨거운 열망에서 이름을 비둘기로 지었을지도 모릅니다.

그러나 더 중요한 사실이 있읍니다. 그것은 요나가 하나님과 열려진 교통의 통로를 갖고 있었다는 사실입니다. 다시 말하면 주께서 말씀하실 때 그 말씀을 받을 수 있는 열린 귀와 마음이 있었다는 것입니다.

제 1 장

하나님으로부터 떠나는 요나

I. 여호와의 낯을 피해 감 (1 ~ 3 절)

1 하나님의 선교명령 (1 ~ 2 절)

1절은 "여호와의 말씀이 아밋대의 아들 요나에게 임하니라" 고 말씀합니다. 하나님은 말씀하시기를 기뻐하시는 하나님이 십니다. 그분은 말씀하고자 합니다. 그분은 당신에게 말씀을 주고자 하십니다. 지나간 역사의 한 시점에서 요나라는 한 개 인에게 임하셨던 하나님의 말씀, 하나님은 그 말씀을 통해서 오늘의 나에게도 임하기를 원하십니다. 문제는 나에게 그 하 나님의 말씀을 받을 귀가 열려져 있는가에 달려 있습니다. 또 한 하나님의 말씀을 받을 수 있는 마음이 열려져 있는지요? 요나는 분명 말씀과 기도의 사람이었을 것입니다.

2절을 보겠습니다.
"너는 **일어나** 저 큰 성읍 니느웨로 **가서** 그것을 쳐서 **외치 라** 그 악독이 내 앞에 상달하였음이니라 하시니라."

2절에서 우리는 중요한 세 단어를 발견하게 됩니다. 그 단어는 "일어나", "가서", "외치라"입니다. 이것들은 하나님께서 그리스도인들에게 맡겨 주신 전도의 지상 명령을 가장 실감있게 묘사해 주고 있는 단어들입니다.

"일어나라."

안일한 자리에 머무르는 사람은 이 선교의 명령 앞에 복종할 수 없읍니다. 안일한 자리에 안주하기를 원하는 교회들은 선교의 명령 앞에 복종할 수 없읍니다. 일어나라, 그리고 말씀하십니다.

"가라 외쳐라."

우리는 이 말씀 앞에 얼마나 복종할 수 있겠는지요? 주님께서 중대한 명령을 주시려고 할 때마다 이 동사가 어김없이 성경에 나타납니다.

"일어나라."

사도행전 8장 26절의 말씀을 보겠읍니다. 이것은 빌립을 사용하시기를 원하는 하나님의 명령이 빌립에게 임하는 장면입니다.

"주의 사자가 빌립더러 일러 가로되 **일어나서** 남으로 향하여 예루살렘에서 가사로 내려가는 길까지 **가라**하니 그 길은 광야라."

성경에서 "일어나서"라는 동작이 여러 번 기록되는데, 이 단어는 주님의 중대한 선교 명령을 위해서 쓰여지는 단어입니다.

사도행전 9장 11절을 보겠읍니다. 이방인 선교의 새로운 장을 열기 위해서 주님은 바울을 보내기를 원하시며 이렇게 말씀하십니다.

"주께서 가라사대 **일어나** 직가라 하는 거리로 **가서** 유다집에서 다소 사람 사울이라 하는 자를 찾으라 저가 기도하는 중이다."

주님께서 말씀하십니다.

"일어나라. "
사울을 통해서 선교의 위대한 과제를 여시기 위해 주님께서
아나니아에게 말씀하실 때 "일어나라"는 동작이 묘사되고 있습
니다.

한걸음 더 나가서 사도행전 10장 20절을 보겠습니다.
"**일어나** 내려가 의심치 말고 함께 **가라** 내가 저희를 보내었
느니라 하시니. "

주님께서 베드로에게도 말씀하십니다. 그를 고넬료에게 보
내시면서 "**일어나라** 내려가 의심치 말고 함께 **가라**"고 명하
십니다.

주님께서 중요한 선교의 명령을 주시려고 할 때마다 언제나
"일어나라"는 이 동작이 나타나고 있습니다.

그 다음에 주께서는 또 말씀하십니다.
"**가라** 가서 모든 족속으로 제자를 삼아라. "

현대 교회의 잘못된 타성 중에 하나가 있습니다. 그것은
사람들이 오기만을 기다리고 있다는 것입니다. 물론 모이는
것도 중요합니다. 그러나 더 중요한 것은 흩어져 가는 일입니
다. 우리 한 사람 한 사람이 가는 일입니다. 잃어버린 영혼들
에게 찾아가야 합니다. 초청해 보십시오. 물론 초청도 해야
하지만 그들이 초청에 응하지 않는다고 그대로 있어서는 안
됩니다.

주께서는 모든 하나님의 백성들에게 말씀하십니다.
"가라. "
우리는 잃어버린 영혼들에게 얼마 만큼 찾아가고 있읍니까?

제가 우리 교회에 걸고 있는 뜨거운 기대가 있습니다. 그것
은 복음의 말씀으로 훈련받은 우리 그리스도인들이 매주 적어
도 하루 저녁쯤은 시간을 내어 이웃이나 아직 주님을 알지 못
하는 사람들의 집을 찾아가 신실하게 복음을 나누며 전도하는
성도들이 되는 것입니다. 진정으로 복음의 빚을 갚기 위해서

구체적으로 행동하는 그리스도인들의 모습을 보고 싶습니다.

   그 다음 명령은 "외치라"입니다. 내 철학을 외치는 것이 아닙니다. 내 생각을 나누는 것이 아닙니다. 내 생각과 철학과 사상은 아무도 구원시킬 수 없습니다. 그것이 아무리 논리적이라고 할지라도 한 사람의 영혼도 그리스도 앞으로 이끌 수가 없읍니다.
   우리는 다만 주님이 주신 말씀만 외쳐야 합니다. 그러기 위해서 먼저 이 말씀을 받아야 합니다.
받은바 말씀이 있읍니까?
그리고 당신은 이 말씀을 참으로 나누기를 원하고 계신지요?
주님께로부터 허락받은 그 말씀을 외치고 있는지요?

   주님께서는 요나를 니느웨로 보내셨읍니다. 니느웨는 그 당시 앗시리아 제국의 수도였읍니다. 이 앗시리아는 당시 이스라엘 민족의 적국이었읍니다. 하나님께서는 요나에게 적의 나라에 가서 말씀을 외치라고 명하신 것입니다.

   민족적인 편견과 이기심을 잘 극복하지 못하는 우리에게 만일 이와 똑같은 주의 명령이 임한다면 우리도 요나처럼 응답할지 모릅니다.
   저는 이 말씀을 묵상하면서 생각해 보았읍니다. 만일 주님이 저에게 "너는 오늘부터 일본에 가서 선교를 하라"고 명하셨다면 나는 어떻게 응답할 것인가 하고 말입니다. 다른 곳은 다 갈 수 있는데, 일본만은 가고 싶은 생각이 없읍니다. 그래서 나도 요나와 같이 피하는 길을 선택하지 않을까 하는 생각이 듭니다.
   하나님께서 말씀하십니다.
"저 큰 성읍 니느웨로 가서 그것을 쳐서 외치라 그 악독이 내 앞에 상달하였음이니라."

하나님께서는 니느웨 성의 멸망 전에 요나를 통해서 회개할 기회를 부여하십니다. 그들을 구원하시려는 놀라운 경륜이 요나를 통해서 그들에게 선교의 새로운 장을 열도록 하십니다.

② 도망치는 요나(3절)

그러나 요나는 어떻게 응답합니까? 3절을 보십시오. 3절의 시작하는 부분이 아주 인상적입니다.

"그러나 요나가……"

하나님의 말씀 앞에 요나는 어떻게 응답합니까?

내게 명령하신 하나님의 말씀 앞에, 주일마다 들려오는 하나님의 말씀 앞에, 성경을 펼칠 때마다 나에게 말씀하시는 하나님의 음성 앞에 혹 당신은 "그러나"라고 응답하지 않습니까?

여기에 요나의 비극이 있습니다.

"그러나 요나는 여호와의 낯을 피하려고 일어나 다시스로 도망하려 하여 욥바로 내려갔더니"(3절).

아마도 요나는 이렇게 묻고 싶어졌을지 모릅니다.

"하나님, 왜 하필이면 나입니까? 내가 꼭 그 일을 해야 합니까?"

하나님이 쓰시고자 원하시면 나는 내가 가진 능력과 재능과 은사 등 그 모든 것을 생각하기에 앞서 나를 쓰시고자 하는 하나님의 손길 앞에 나를 바칠 수가 있는지요? 나를 지으신 이가 나를 쓰시기를 원하십니다. 나의 인생을 계획하신 이가 나를 쓰시기를 원하십니다. 그때 나는 어떻게 이 하나님의 명령 앞에 응답하고 있는지요?

요나서의 서두에서 하나님은 민족과 개인을 주관하시는 하나님이심을 확인할 수 있습니다. 민족과 개인의 주권자이신 하나님의 이미지가 요나서의 서두에 분명히 드러나 있습니다. 그분은 민족들의 주인이십니다. 한 민족 한 민족을 향한 계획을 갖고 계십니다. 또 앗시리아 제국을 향한 경륜을 갖고 계십니다. 그리고 이스라엘을 향한 계획을 갖고 계십니다. 한국을 향한 계획도 갖고 계십니다.

그러나 하나님은 이 세계의 정세만 주관하시는 분이 아닙니다. 그분은 이 세계의 정세를 주관하시면서 동시에 사십억이 넘는 수많은 인구 가운데 "나"라는 한 사람을 향하여 계획을 갖고 계시는 하나님이시라는 사실을 기억하십시오.

여러분, 이 점이 당신에게 충격을 줍니까?

앗시리아 이스라엘 등 세계의 정세를 하나님이 움직이는 가운데서도 하나님은 요나라는 한 인물에게 관심을 쏟고 계십니다.

우리는 때때로 하나님이 너무 위대하다는 사실 때문에 그 하나님이 설마 나에게까지 관심을 갖고 계실까 하는 생각을 합니다. 그러나 하나님은 민족들의 하나님이실 뿐 아니라 "나"라는 개인의 하나님도 되십니다.

그분은 요나를 향한 삶의 계획을 갖고 계십니다. 요나를 쓰시기를 원하십니다. 요나에게 말씀을 주십니다. 찾아 가십니다. 그리고 말씀하십니다.

"일어나라, 가라. 내가 너를 위한 계획을 갖고 있다. 너를 사용하기를 원한다."

요나는 아마도 "다른 장소는 다 몰라도 우리의 민족의 대적인 니느웨만은 하나님의 계획 속에 있지 않다"라고 생각했을지도 모릅니다.

여러분, 하나님께서 쓰시기에 가장 어려운 사람이 어떤 사람인지 아십니까? 소위 신념이 굳은 사람입니다. 나는 니느웨만은 결코 못간다라는 자기 철학이 있읍니다. 아무도 내 철학을, 내 경험을, 내 주관을 무너뜨릴 수 없다고 자기 사상의 벽을 쌓고 있는 사람들, 이런 사람이 가장 쓰임받기 어렵습니다.

하나님이 제일 쓰시기를 즐겨하는 사람이 어떤 사람인지 아십니까? "주님, 말씀하십시오. 저는 언제든지 제 생각을 바꿀 용의가 있읍니다"라고 응답할 준비가 되어 있는 사람입니다.

그러나 자기 고정 관념 속에 얽매여 있는 사람들은 쓰실 수가 없는 것입니다. "아무도 내 사상의 영역을, 내 사상의 벽을 넘볼 수가 없다. 나는 내 경험을 통해서 나의 인생과 종교에 대한 경험을 갖고 있다. 그러므로 아무도 나를 건드리지 못한다"고 생각하는 이런 사람들이 하나님이 쓰시기에 힘든 사람들입니다. "주님, 주님이 원하실 때는 언제든지 쓰임받길 원합니다. 나는 변화되기를 원합니다. 나는 내 생각도, 내 주관도 바꿀 수가 있읍니다. 말씀하십시오. 주님의 말씀이라면 내 생각도 바꾸겠읍니다. 내가 인생의 숱한 경험을 통해서 내 철학을 갖고 있지만 그것이 하나님의 말씀과 반대될 때 주저없이 내 경험도 포기하겠읍니다"라고 하나님의 섭리와 하나님의 손길을 받아들이려는 삶의 자세를 갖고 있는 사람을 주님께서 찾으십니다.

니느웨 성만은 하나님의 계획 속에 없다고 확신했던 요나! 아니 니느웨만은 하나님이 나를 보낼 리가 없다고 생각했던 요나!
그 요나는 순종의 길 대신에 불순종의 길을 선택합니다.

"그러나 요나가 여호와의 낯을 피하려고 일어나 다시스로 도망하려 하여 욥바로 내려갔더니 마침 다시스로 가는 배를 만난지라 여호와의 낯을 피하여 함께 다시스로 가려고 선가를 주고 배에 올랐더라"(3절).
그는 다시스로 도망하기 위해 배삯을 주었읍니다. 그러나 사실 이것은 돈의 낭비입니다. 나중에 요나는 배삯을 낸 것에 대해 얼마나 후회했을까요?
기억하십시오. 주님으로부터 피하는 것은 돈의 낭비이며 시간

의 낭비라는 사실을./
주님으로부터 피하려고 하는 게임을 하지 마십시오.
하나님의 안목에서 보면 그것은 돈의 낭비에 불과합니다. 그것
은 결국 시간의 낭비라는 사실을 잊지 마십시오. 주님과 의논
하지 않고 계획했던 내 사업, 주님없이 계획했던 인생의 여러
가지 계획, 주님없이 내가 뛰어들었던 인생의 모든 모험
이 그 어느 날 돌이켜 생각해 보면 시간의 낭비였음을 우리는
주님 앞에서 다시 한번 깨닫게 될 것입니다.
　"너희가 나를 떠나서는 아무것도 할 수 없다"는 말씀의 의
미가 무엇입니까? 왜 할 수 없읍니까? 할 수 있읍니다. 나
는 내 생각을 가지고, 내 힘을 가지고, 내 노력을 가지고 무
엇이든 할 수가 있읍니다.
　그러나 기억하십시오. 당신이 주님을 떠나 행한 모든 것은
결국 시간의 낭비였음을 깨닫고 후회하는 날이 올 것입니다.
"요나처럼" 말입니다.

　요나의 죄악의 뿌리는 무엇입니까? 그것은 결국 불순종과
불신앙임을 지적하지 않을 수 없읍니다. 그는 주의 말씀을 불
순종했읍니다. 그리고 이 불순종의 배후에 그를 쓰기를 원하
신다는 하나님의 말씀을 온전히 신뢰하지 못했던 요나의 불
신앙이 지적됩니다. 이 불신앙과 불순종이야말로 요나의 행
위의 뿌리에 박혀 있는 근본적인 범죄인 것입니다.
　그래서 선교사로 부름받는 요나는 선교사가 되는 대신에 유
람객이 되어 관광객의 자리에 앉아 있게 된 것입니다. 선교사
가 관광객이 되어 있는 모습을 생각해 보십시오. 하나님은 그
를 선교사로 쓰기를 원하시는데 그는 관광객이 되었읍니다.
그는 하나님이 보내시려는 방향과 상관없이 배삯을 주고 유람
선을 타고 새로운 인생의 이정표를 설계하면서 다시스를 향해
서 길을 떠납니다.

여러분./ 요나서의 이야기는 여기에서 끝낼 수가 있습니다. 하나님께서 이제 너와는 끝났다고 말씀하실 수가 있습니다. 그렇게 하셔도 아무도 하나님께 항의할 수가 없습니다.
"요나야, 나는 이제 더 이상 너를 쓸 수 없다. 도망하는 너를 어찌할 수 없구나"라고 이야기의 끝을 맺어도 요나는 하나님 앞에 할 말이 없습니다.
이제부터 전개되는 그 다음의 사연은 하나님이 요나에게 덤으로 주시는 은총인 것입니다. 이제부터 요나를 그대로 방관하지 않으시고 그를 추적하시는 하나님의 손길을 보십시오.

Ⅱ. 하나님의 추적(4 ～17절)

① 태풍을 만남(4절)
이제부터 요나를 향해서 집념을 갖고 그에게 미래를 걸고 다시금 요나를 쓰기를 원하시는 하나님의 사랑의 추적이 시작됩니다. 이제부터 요나서의 이야기는 하나님의 은총의 장입니다. 하나님은 어떻게 추적하십니까?
4절을 보겠습니다.
"여호와께서 대풍을 바다 위에 내리시매 바다 가운데 폭풍이 대작하여 배가 거의 깨어지게 된지라."
요나서의 서두에 나타난 하나님은 어떤 하나님이었습니까? 우리는 여기서 하나님의 세 가지 모습을 볼 수 있습니다.

첫째로, 그분은 요나의 모든 것을 아시는 하나님이십니다.
그가 어떤 배경에서 태어났는지 아십니다. 그가 마음 속에 어떠한 생각을 하고 있는지 아십니다. 그가 어디로 가고 있는지 아십니다. 모든 것을 다 아시는 하나님이십니다. 요나가 씨름하고 있는 하나님은 전지하신 하나님이십니다.
하나님이 이 모든 것을 다 아신다는 사실이 어떤 때는 귀찮

을 때가 있읍니다. 우리는 내 마음대로 살기를 원합니다. 내
계획, 내 충족대로 인생을 설계하기를 원합니다. 그때 하나님
이 나의 모든 것을 아신다는 사실처럼 거추장스러운 것이 없
읍니다.

그러나 여러분, 인생의 절망과 밤을 만나 보십시오.
고독한 밤을 만나 보십시오.
가슴을 치고 싶은 난관의 벽 앞에 서보십시오.
그때 나를 아는 어떤 분이 곁에 있다는 사실이 얼마나 커다란
축복인지요?

둘째로, 그분은 어디든지 계시는 하나님이십니다.

요나는 그가 방향을 바꾸어 다시스로 가면 하나님의 임재를
피할 수 있으리라는 어리석은 생각을 했읍니다. 이것은 무서
운 착각입니다. 하나님은 다시스에도 계십니다. 이 사실을 요
나는 왜 몰랐을까요? "편재하신 하나님, 무소부재하신 하나
님, 어디든지 계시는 하나님"이십니다. 그렇습니다. 그 하나
님은 어디든지 다 계십니다. 피할 수 없는 하나님이십니다.

시편 139편에는 피할 수 없는 하나님에 관한 시편 기자의
처절한 고백이 분명하게 묘사되어 있읍니다.
"내가 하늘에 올라갈지라도 거기 계시며 음부에 내 자리를 펼
지라도 거기 계시나이다 내가 새벽 날개를 치며 바다 끝에
가서 거할지라도 곧 거기서도 주의 손이 나를 인도하시며"(8
〜 10절).
범죄하는 사람에게 하나님이 거기에도 계시다는 사실은 두려
운 일입니다.
내 범죄의 현장에도, 내가 하나님을 불순종하고 있는 이 현장
에도, 하나님은 계십니다.
내가 도덕을 파괴하고 있는 현장에도 하나님은 계십니다.
내가 음모를 꾀하고 있는 현장에도 거기에 계십니다.
하나님이 거기에 계신다는 사실은 분명히 그에게 있어서 두려

운 일입니다.

그러나 우리가 연약해질 때마다, 우리가 한없이 무력해질 때마다 하나님이 거기에도 계시다는 사실은 얼마나 커다란 축복입니까?

세째로, 그분은 전능하신 하나님이십니다.
태풍을 거느리고 바다를 지배하시면서 요나를 추적하시는 하나님, 그분은 바로 자연의 주인이십니다. 그분은 모든 것을 아실 뿐만 아니라 어디든지 계십니다. 그리고 모든 것을 행하실 수 있는 전능하신 하나님이십니다. 이 전지하시며, 전능하시며 편재하시는 하나님이 요나를 추적하십니다.

바다의 해일과 폭풍을 앞에 두고 하나님을 바라보는 안목이 없는 사람들은 이렇게 말할 것입니다.
"오늘 우연히도 기상이 나빠 바다에 큰 풍랑이 일고 있다."
그러나 자연 속에서 하나님의 섭리를 읽을 수 있는 눈을 가진 하나님의 사람은 그 자연 속에서 나를 향하신 하나님의 교훈을 찾습니다.

오늘 내리는 비가 자연의 변화로 생기는 비라고 단순히 말할 수 있읍니다. 그러나 하나님과 중대한 관계를 맺고 있는 나 개인에게 있어서 오늘 내리는 이 비는 그렇지 않읍니다. 이 비는 비를 통해서 나에게 말씀하시는 하나님의 음성일 수가 있읍니다. 그 음성을 들으십니까?

어제도 떴던 해이며, 오늘도 질 해입니다. 그러나 뜨고 지는 해를 통해서 나에게 말씀하시는 하나님의 음성을 들을 줄 아는 귀가 열린 사람에게 하나님은 말씀하십니다. 그리고 나를 향해 말씀하시는 하나님의 얼굴을 볼 줄 아는 눈이 열린 사람들에게 하나님은 말씀하십니다. 하나님은 우리에게 다가오셔서 영광스러운 당신의 뜻을 계시하십니다.

그래서 하나님의 추적이 시작됩니다. 모든 것을 끝내도 좋을 상황을 더욱 끌고 가십니다. 요나에게 교훈을 주시기 위해 계속적으로 추적하십니다. 그분은 태풍을 바다 위에 내리셨읍니다. 바다 가운데 폭풍을 몰고 요나가 타고 있는 배를 향해서 찾아오십니다.

② 잠자는 요나 (5 ~ 6 절)

"사공이 두려워하여 각각 자기의 신을 부르고 또 배를 가볍게 하려고 그 가운데 물건을 바다에 던지니라 그러나 요나는 배 밑층에 내려가서 누워 깊이 잠이 든지라"(5절).

사공들은 두려워하여 자기의 신들을 부르기 시작했읍니다. 사람들은 위기에 처하게 되면 갑자기 종교적으로 변합니다.

맥아더 장군은 이런 유명한 이야기를 했읍니다.
"전쟁의 참호 속에는 무신론자가 없다. "
그렇습니다. 포탄이 날아들고 있는 전쟁의 참호 속에는 무신론자가 없읍니다.

본문에서 하나님과 상관이 없었던 이방인들도 각각 자기들의 신을 부르며 기도합니다. 그러나 한 가지 차이점이 있읍니다. 우리도 기도하고 그들도 기도하는 것은 같지만 그들의 기도는 하나님의 응답과는 관계가 없는 기도입니다. 이것은 결국 종교적인 몸짓이요 종교적인 껍데기에 불과합니다. 응답이 없는 하늘을 향해서 소리치는 이방인의 무력한 기도./

그런데 요나는 어디에 있읍니까? 요나는 잠을 자고 있었읍니다.

6절을 보겠읍니다.
"선장이 나아가서 그에게 이르되 자는 자여 어찜이뇨 일어나서 네 하나님께 구하라 혹시 하나님이 우리를 생각하사 망하지 않게 하시리라 하니라. "

아니, 양심이 괴로워서 어떻게 잠이 들 수 있다는 말입니까?

요나가 그 상황에 이르기 전까지는 어느 정도 자기의 양심을 무마하고 마비시키려고 애를 썼을 것입니다. 그는 배에 처음 올랐을 때 가슴이 두근거리기도 하고 무슨 일이라도 일어나지 않을까 하여 불안하기도 했을 것입니다. 그러다가 시간이 흐르면서 점차 그의 마음은 진정되어 갔을 것입니다. 요나는 축복된 평안 속에 잠든 것이 아닙니다. 자기의 양심을 마비시켜 놓고 잠을 청하고 있었던 것입니다.

이것은 거짓된 평안입니다. 오늘날 얼마나 많은 사람들이 거짓된 평안 속에서 안주하고 있는지요?

요나가 잠들었다는 증거가 무엇입니까? 잠자는 사람은 깨어나기 전까지는 자신이 잠들었다는 사실조차 모릅니다. 자신이 잠든 것을 알고 있다는 것은 그 순간에 이미 깨어 있다는 것입니다.

그러나 자신이 잠든 상태 속에 있으면서도 잠들었다는 상태조차 알지 못하고 있는 사람들이 오늘날 얼마나 많이 있습니까?

요나가 잠든 증거를 한 가지 더 말씀드리겠습니다. 사람이 잠들었을 때 그는 꿈을 실현하려는 의지가 없습니다. 잠에서 깨어나 보십시오. 그 꿈을 실현하기 위해서 애를 씁니까? 아닙니다. 그것은 잠들었을 때 일어났던 꿈에 불과하다고 생각할 것입니다. 거기에 아무런 의미를 부여하지 않습니다.

우리는 하나님의 말씀을 받았습니다. 주님의 귀한 교훈을 받았습니다. 그때 그것을 실현하려는 의지가 없다면, 그것을 행하지 않고 있다면, 왜 그럴까요? 우리도 요나처럼 잠들어 있기 때문은 아닌지요? 그리고 우리는 그 모든 말씀을 잠들었을 때 꾼 꿈 정도로 생각하고 있는 것은 아닌지요?

당신이 영적으로 잠들어 있는지 시험해 볼 수 있는 좋은 방법이 있습니다.

당신은 주일에 예배 시간에 들은 설교를 어떻게 생각하십니까? 만일 들은 말씀을 내 삶 속에 적용하려는 의지가 전혀 없다면 당신은 예배를 한바탕의 꿈 정도로 생각한 것입니다. 그것이 꿈이 아니고 참 이상이라면 당신은 말씀대로 행하려는 강렬한 의지를 갖고 발걸음을 옮기기 시작할 것입니다.

이 거짓된 평안 속으로 잠을 청하고 있는 요나, 영적으로 둔 감한 상태에서 잠을 청하고 있었던 요나를 하나님은 그대로 두 지 않으셨습니다. 사람을 보냈읍니다. 선장을 보냈읍니다. 그 리고 잠들어 있는 요나를 찾아 내어 이렇게 말씀하십니다.
"잠자는 자여 어찜이뇨."
중요한 질문을 하나 드리겠읍니다.
"교회는 자장가를 불러야 합니까, 아니면 나팔을 불어야 합 니까?"
나팔을 불어야 한다면, 왜 많은 설교가들이 교회가 잠을 깨라 는 설교를 할 때 교인들은 반응하지 않습니까? 아니 왜 그것 을 거북하게 느끼십니까? 현대 교인들의 가장 무서운 죄악 중의 하나는 바로 자기의 귀에 듣기 좋은 멧세지만을 요구하 고 있다는 사실입니다.
당신의 비위를 거슬리는 말씀을 들을 때 당신은 어떻게 반 응하십니까? 설교자나 교회가 당신의 잠을 달래 주는 자장가 를 들려 주기를 원하십니까? 당신에게 아무런 드림도 없으며, 가슴에 아무런 아픔도 없는, 단지 당신을 위로해 주는 말만 듣기 원하십니까?

한 신학자는 현대 교회의 커다란 비극을 이렇게 지적했읍니다.
"오늘날 신도들은 강단에서 설교자들이 자장가를 불러 주기를 원하고 있다."
이 지적은 정확합니다. 그러나 내 잠을 깨는 멧세지가 없다면, 그래서 초대 그리스도인들처럼 그 말씀이 화살이 되어 그들의 가슴에 박힐 때 "우리가 어찌할꼬"하는 회개와 돌이킴이 없다면, 교회는 자장가를 불러 주며, 거짓된 평안 속에서 사람들을 달래며, 그들을 무서운 지옥의 파멸로 이끄는 하나의 거짓된 종교 공동체를 형성할 수밖에 없읍니다.

이 말씀이 당신의 가슴에 새로운 도전을 주고 있읍니까? 그렇다면 이 말씀 앞에 당신의 반응은 무엇입니까? 우리는 그 이후의 요나를 계속 추적하면서 그에게 다가오시는 하나님의 손길 앞에 요나가 어떤 반응을 보이는지 살펴볼 것입니다.

우리는 하나님의 백성입니다. 그러나 주님이 내게 맡기신 어떤 명령을 감당할 수 없다고 느낀 나머지 우리는 얼마나 자주 요나처럼 하나님의 낯을 피하려고 하는지요? 이 요나의 모습을 통해서 우리는 다른 사람이 아닌 바로 자기의 자화상을 발견할 수가 있읍니다.

그러나 하나님은 요나를 포기할 수가 없으셨읍니다. 그래서 끈질기게 요나를 추적하십니다. 그것은 하나님의 은혜입니다. 하나님은 요나 대신에 다른 사람을 사용하셔서 니느웨 선교의 사명을 감당하게 할 수도 있읍니다. 그러나 아직 요나를 포기하지 않으시고 요나에게 두번째 응답할 수 있는 기회를 주시기 위해서 그를 추적하고 계시는 이 하나님의 모습을 보십시오.

저와 당신을 향해서도 우리가 하나님의 명령을 불순종했다는 사실 때문에 우리를 버리지 아니하셨다는 것은 얼마나 커다란 하나님의 은혜입니까? 하나님은 아직도 내게 기회를 주십니다. 한 번 더 나에게 응답할 수 있는 기회를 주십니다. 그리고 우리에게 주시는 많은 역경과 환경을 통해서 마침내 나를 향하신 하나님의 뜻을 발견하게 만드십니다.

③ 하나님 앞에 발견된 요나 (7 ~ 10절)
이 하나님의 섭리를 우리는 요나서 1장을 통해서 깨달을 수 있읍니다. 4절 이하에서 하나님은 태풍을 거느리고 배를 준

비하시고 마침내 요나를 추적해 오셨읍니다. 요나는 하나님을
계속 피할 수만은 없었읍니다. 그는 마침내 하나님 앞에 발견
되지 않으면 안 되었읍니다. 선장을 통해서 하나님은 잠들어
있는 요나를 깨웠읍니다.
"잠자는 자여 어찜이뇨."
요나를 깨워 일으킨 그 사람은 이제 이 바다에서 그들이 만
나는 환란의 원인이 무엇인가를 스스로 헤아리기 위해서 제비
를 뽑기 시작했읍니다. 그리고 그 제비는 요나에게 떨어지고
말았읍니다.
　8절을 보겠읍니다.
"무리가 그에게 이르되 청컨대 이 재앙이 무슨 연고로 우리에
게 임하였는가 고하라 네 생업이 무엇이며 어디서 왔으며 고
국이 어디며 어느 민족에 속하였느냐."
이 말씀을 한 마디로 말하면 "너는 누구냐"고 묻는 것입니다.
　요나는 솔직히 대답하기 시작했읍니다.
"나는 히브리 사람이요 바다와 육지를 지으신 하늘의 하나님
여호와를 경외하는 자로다"(9절).
이때서부터 요나서의 이야기는 달라지기 시작합니다. 하나님
이 요나를 향해서 드디어 일하시기를 시작합니다.

　우리 모두가 하나님 앞에 자기 자신의 참된 모습을 나타내
보일 때까지 때때로 하나님의 부흥은 지체됩니다.
　교회 역사를 통해서 보면 하나님께서 크게 부흥의 역사를
일으켜 주신 때가 있었읍니다. 우리는 단순히 교회 안의 사람
들의 수가 늘어났다는 정도로 부흥을 이해하려고 합니다. 혹
은 사람들의 마음과 기분이 좋아졌다고 피상적인 이유에서 부
흥의 의미를 찾으려고 합니다.
　그러나 부흥의 참된 의미는 사람들의 영혼이 소생되며 이것
이 대단히 많은 사람들에게 집단적으로 강력하게 임재하시는
하나님의 역사를 말합니다. 이 하나님의 역사하심을 모든 사

람들이 바라보고 그 하나님의 움직이심 앞에 압도당하며 한 교회와 한 단체가 새로와지는 하나님의 특별하신 역사가 종종 역사 속에 등장합니다. 영국의 웨일스의 부흥, 미국에 있었던 무디를 통한 부흥, 한국의 초대 교회에 있었던 모든 부흥들은 그런 하나님의 특별하신 손길들을 보여 주고 있읍니다.

이러한 교회 역사 속에 있었던 모든 부흥의 역사를 연구해 보면 한 가지 공통점을 발견하게 됩니다. 그것은 하나님의 백성들이 자기 자신의 모습을 하나님 앞에 그대로 정직하게 나타낼 때 부흥이 일어났다는 것입니다. 가면을 벗어 던지고, 내가 어떤 사람인가를 하나님 앞에 솔직히 말하고 회개하기 시작했을 때 하나님의 부흥은 일어나기 시작했읍니다. 우리의 교회가 진정한 의미에서 하나님의 부흥을 기대한다면 우리 한 사람 한 사람이 하나님 앞에 정직한 모습으로 나타나지 않으면 안 됩니다.
"나는 누구이며, 나는 하나님과 어떤 관계를 맺고 있으며, 내 신앙의 자세는 어떠하며, 내 마음 속에는 어떤 의식이 자리잡고 있으며, 나는 현재 내 신앙의 모습을 어떻게 만들어 가고 있는가?"
이 모든 것을 가장 정직하게 그리고 진실하게 하나님 앞에 그대로 보이십시오. 마치 가면을 쓰고 무대에 등장한 배우처럼 자신의 진짜 모습을 숨기고 있다면 하나님은 침묵하십니다.

요나서의 이야기는 요나가 정직하게 그 스스로를 나타내 보이는 그 순간부터 시작됩니다.
10절을 보겠읍니다.
"자기가 여호와의 낯을 피함인 줄을 그들에게 고하였으므로 무리가 알고 심히 두려워하여 이르되 네가 어찌하여 이렇게 행하였느냐 하니라."
그는 나타내기를 꺼려하는 부분까지 정직하게 내놓기를 원했읍니다.

"그렇습니다. 나는 하나님의 낯을 피해서 도망가고 있었읍니다. 나는 불순종한 사람입니다. 하나님의 선교 명령을 더 이상 감당할 수 없다고 생각했읍니다. 그래서 하나님의 목전을 피해서 도망가고 있는 중입니다"라는 이 고백이 요나서의 이야기를 다르게 만들기 시작했읍니다.

여러분, 성경을 통해서 그 살아계신 하나님의 영광을 생생하게 보았던 사람들이 그들의 입술에서 가장 처음 토한 고백이 무엇인지 아십니까?

예를 들겠읍니다.

게네사렛 호숫가에서 베드로는 고기를 잡고 있었읍니다. 그는 어부로서 바다에 그물을 던지며 평생의 삶을 살아 왔읍니다. 그는 누구보다도 갈릴리 바다를 잘 알고 있는 사람입니다. 그 바다의 파도와 날씨, 그리고 고기가 어디에서 많이 잡히는지, 또 어떤 방법으로 고기떼를 몰 수 있는지를 누구보다도 잘 알고 있는 사람이 베드로 자신이었읍니다. 그러나 그날 밤따라 밤새도록 그물을 내려 보았지만 아무것도 얻은 것이 없었읍니다.

이 장면에서 낯선 한 사람이 등장합니다. 그분은 예수님이셨읍니다. 예수님은 베드로에게 "깊은 곳에 그물을 내려 고기를 잡으라"고 말씀하십니다. 이때 베드로는 얼마든지 이렇게 말할 수가 있었읍니다.

"당신은 누구입니까? 나사렛의 목수가 아닙니까? 목수가 바다에 관해 어떻게 알 수가 있다는 말입니까? 나는 어부입니다. 바다와 함께 평생을 살아 왔읍니다. 고기가 어디에서 많이 잡히는지를 누구보다도 잘 알고 있는 나에게 당신이 충고를 하시다니요?"

그러나 베드로는 그렇게 말하지 않았읍니다. 이 장면에서 베드로가 겸손할 수 있었다는 사실은 베드로에게 축복이 되었읍니다. 베드로는 이 젊은 나그네의 말을 따르기로 결심했읍니다.

그리고 그는 이렇게 고백합니다.

"주여, 제가 말씀에 의지하여 그물을 내리겠나이다. 아직 당신이 누구인지 잘 모르지만 당신의 능력을 인정하려 합니다. 그리고 어쩌면 당신을 하나님께서 보내신 사람으로 인정하기를 원합니다. 아니 당신의 배후에서 역사하시는 하나님을 인정하면서 당신의 말씀을 신뢰하고 한번 모험을 해보기로 결심합니다."

이 고백 후에 그는 그물을 던졌읍니다. 그 결과 그물이 찢어지도록 많은 고기가 잡히게 되었읍니다.

그 다음에 베드로는 어떤 반응을 보였읍니까? 그때 그 자리에 당신이 계셨다면 무엇이라고 말했겠읍니까? "여기에서 고기가 많이 잡힌다는 것을 당신은 도대체 어떻게 아셨읍니까? 대단하십니다. 어디에서 고기를 잡다 오신 분이십니까?"라고 물어 보았을 것입니다.

그러나 이 대화의 흐름을 깨뜨리는 파격적인 베드로의 선언이 이루어집니다. 베드로는 "주여 나를 떠나소서 나는 죄인입니다"라고 말합니다. 이 고백은 대화의 흐름과 맥을 달리하는 고백입니다. 동문서답(東問西答)과 같은 이야기입니다. 고기가 엄청나게 많이 잡힌 장면에서 갑자기 튀어나온 고백이 "나는 죄인"이라는 고백이었읍니다. 왜 이런 고백을 했을까요?

베드로는 그 순간 자기 앞에 서 있는 낯선 젊은이를 단순한 한 나사렛의 목수로서 바라본 것이 아닙니다. 그때 그는 앞에 서 있는 분이 하나님이신 것을 깨달았읍니다. 바다를 알고, 우주를 창조하시고, 모든 것을 지배하시는 하나님이신 것을 깨달은 것입니다. 그는 나사렛 예수를 통해서 하나님을 대면하고 있었읍니다. 예수를 하나님으로 지각하는 순간이었읍니다. 그리고 피조물이 하나님을 지각하는 순간이며, 피조물이 하나님의 영광을 접하는 순간이었읍니다. 이 거룩하시고 전능하신 하나님 앞에 서는 순간 모든 피조물은 하나님 앞에 엎드러집니다.

그리고 이렇게 외칠 수밖에 없읍니다.

"주님, 저는 죄인입니다."

이 거룩하신 하나님 앞에 나는 얼마나 추악한 죄인인지요? 밝고 밝은 빛 앞에 모든 것이 드러나는 그 순간 그분은 내 마음 속을 꿰뚫어 보십니다. 또한 바다를 꿰뚫어 보십니다. 고기떼의 흐름을 알고 계십니다. 내 생각의 바탕을 아시고 내 의식의 바탕을 아십니다. 그 불꽃 같은 안목으로 나를 꿰뚫어 보시며 나를 아시는 나의 하나님! 그 하나님 앞에서 이 고백은 지당한 것입니다.

"나는 죄인입니다."

웃시야 왕이 죽던 해에 이사야 선지자가 성전에 들어가던 그 날의 일을 기억하십니까? 그는 거룩하신 하나님을 경배하기를 원했읍니다. 그 날 하나님은 특별하신 방법으로 자신의 모습을 성전 안에 보이셨읍니다. 하나님의 존재를 알리는 연기가 충만했읍니다. 그때에 이사야 선지자는 스랍들이 보좌에 앉으신 영광스러운 주님을 찬양하는 소리를 듣게 되었읍니다.

"거룩하다 거룩하다 거룩하다."

보좌를 둘러싼 스랍들이 그 날개로 얼굴을 가리우고 거룩하신 그분 앞에 엎드리어 하나님을 찬양하고 있읍니다.

거기서 하나님의 영광과 하나님의 놀라우심과 하나님의 아름다우심을 접하자마자 그 순간 이사야 선지자는 외칩니다.

"화로다 나여 망하게 되었도다 나는 입술이 부정한 사람이요."

감히 하나님 앞에서 입술을 벌릴 수 없이 더럽혀진 내 언어!

천사들이 영광스런 하나님을 찬양하고 있는 그 순간에 그 하나님 앞에서 나는 상대적으로 얼마나 더럽혀져 있는지요?

"하나님 나는 죄인입니다."
거룩하신 하나님 앞에 내 영혼이 부딪치는 경험이 없는 사람./
"나는 죄인입니다"라고 가슴을 친 일이 없는 사람./
이런 경험과 고백이 없이는 아무도 새로와질 수 없습니다. 이것은 단순한 도덕적인 지각이 아닙니다. 이것은 내 안에 역사하시는 성령님을 통해서 내가 하나님을 보고, 하나님께서 나를 바라보시는 그 순간 하나님 앞에 토할 수밖에 없는 고백입니다.

그러나 우리가 자기 자신의 모습을 드러내 놓고 죄인임을 고백하는 순간부터 나를 지으신 그 하나님은 나를 통해서 새로운 역사를 시작하십니다.

저는 미국의 디트로이트 시에서 공부를 했습니다. 그곳에 있을 때 목사님에게서 이런 이야기를 들었습니다. 이 이야기는 그 도시에 전해 내려오고 있는 아주 흥미있는 이야기입니다.

디트로이트 시는 많은 자동차 공장들이 몰려 있는 도시입니다. 추운 겨울날이었습니다. 디트로이트 시외에 살고 있는 유명한 정비사 한 사람이 아침에 자동차를 몰고 출근하는 도중에 자동차가 고장이 났습니다. 길 옆에 차를 세워 놓고 왜 고장이 났는지 열심히 그 원인을 찾고 있습니다. 그러나 원인을 발견할 수가 없었습니다. 그래서 그 추운 겨울날 어쩔 줄을 모르고 당황하고 있었을 때입니다.

그때 지나가던 세단 하나가 옆에 멈춥니다. 그리고 노신사한 분이 내려와서 "도와드릴까요"라고 말을 합니다. 이 사람은 속으로 "디트로이트에서 가장 유명한 인류 정비사인 내가 못고치는 이 차를 고치겠다니"라고 생각하면서 그 노신사를 바라보고 있었읍니다. 노신사는 몇 군데를 만지더니 시동을 걸어 보라고 합니다. 시동이 걸렸읍니다. 이 사람은 깜짝 놀라 도대체 그가 누구인가를 의아해 하고 있는데, 그 노신사는 명함 한 장을 주고 사라집니다. 그 명함에는 "헨리포드" (Henry Ford) 라고 적혀 있었읍니다. 그는 그 자동차를 만든 사람이었읍니다.

주 하나님 그가 홀로 인생의 주인이십니다.

나를 만드셨읍니다. 그리고 나를 고치십니다. 나의 하나님은 나의 창조자이십니다. 나를 만드신 그분은 내가 어디에 병들었는지 아십니다. 그러나 내가 솔직하게 "하나님, 제가 이렇게 병들었읍니다"라고 토하는 그 순간부터 하나님은 나에게 손을 대기 시작하십니다.

④ 회개하는 요나 (11~17절)

요나서의 이야기는 이제부터 달라지기 시작합니다.
11 절 이하의 말씀을 보겠읍니다.
"바다가 점점 흉용한지라 무리가 그에게 이르되 우리가 너를 어떻게 하여야 바다가 우리를 위하여 잔잔하겠느냐 그가 대답하되 나를 들어 바다에 던지라 그리하면 바다가 너희를 위하여 잔잔하리라 너희가 이 큰 폭풍을 만난 것이 나의 연고인 줄을 내가 아노라"(11, 12절).
어떤 사람은 이 말씀을 근거로 해서 요나가 자살하기를 원했다고 말합니다. 그리고 자살은 성경적으로 죄가 아닐 수 있다는 기발한 신학을 창조해 냈읍니다. 그러나 성경을 그렇게 읽어서는 안 됩니다. 요나의 이런 발언은, 환란과 재앙의 원인이 자기인 것을 깨닫고 자기 행동에 대해서 책임을 지기를 원했기 때문입니다.

진정한 회개는 자기의 과거에 대해서 책임을 지는 결단으로 나타나지 않으면 안 됩니다. 그것은 회개에 합당한 열매이며 대가입니다. 이것이 회개의 진실성을 증명합니다. 내가 참으로 회개했다면, 내가 참으로 새로와졌다면 나로 나의 잘못된 삶에 관해서 책임을 져야 합니다.

오늘날 소위 복음적 기독교 안에 자리잡고 있는 하나의 커다란 병폐가 있습니다. 그것은 자백하면 용서하신다는 약속 때문에 자백을 피상적으로만 한다는 것입니다.

우리는 행위가 따르지 않는 입술만의 자백을 되풀이하는 순간들이 얼마나 많이 있습니까?

"만일 우리가 죄를 자백하면 저는 미쁘시고 의로우사 우리 죄를 사하시며 모든 불의에서 우리를 깨끗케 하실 것이요"(요일 1 : 9).

이 약속은 진실입니다. 그러나 그 약속 가운데 나타난 자백은 죄를 버리는 결단까지 포함하고 있는 것입니다. 우리가 참으로 죄를 자백하기를 원한다면 "하나님, 제가 이 죄로부터 정말 돌아서기를 원합니다"라는 결단의 의지가 포함되어야 합니다. 자기의 삶에 관해서 책임을 지고 돌이키는 그 돌이킴이 없는 입술만의 자백은 의미가 없습니다.

요나의 이 고백은 자기의 삶에 대해서 구체적으로 책임을 지기 원하는 행동을 포함한 결단입니다. 그는 입술만이 아니라 행위로써 하나님을 향하여 그의 마음을 지나간 과거로부터 온전히 돌이키고 있는 것입니다. 이 장면은 요나의 진정한 회개의 모습을 우리에게 보여 줍니다.

14절을 보겠습니다.

"무리가 여호와께 부르짖어 가로되 여호와여 구하고 구하노니 이 사람의 생명 까닭에 우리를 멸망시키지 마옵소서 무죄한 피를 우리에게 돌리지 마옵소서 주 여호와께서는 주의 뜻대로 행하심이니이다 하고."

이것이 부흥입니다. 이 많은 무리들은 처음 바다에 풍랑이 일기 시작할 때 그들은 저마다 각기 자기의 신을 불렀습니다.

그들은 일상적인 자기의 종교를 통해서 이 환란으로부터 도피
하기를 원했읍니다. 그러나 그들은 요나의 고백을 통해 이 상
황에서 하나님께서 역사하신다는 사실 앞에 더 이상 피할 수
가 없었읍니다. 그들은 이 역사가 하나님의 손 안에 있다는
사실을 알았읍니다. 하나님이 이 모든 것을 진행시키고 계시
며, 이 풍랑과 파도와 바람과 그리고 요나를 섭리하시는 창
조주이시라는 사실을 그들은 분명히 알았읍니다. 그들은 더
이상 이 문제를 그들의 우상신 앞으로 가져갈 수 없었읍니다.
그래서 무신론자, 다신론자, 범신론자 할 것 없이 모두가 다
하나님께 부르짖기 시작했읍니다.

이것이 부흥입니다. 요나의 솔직한 회개와 새로운 삶의 결
단은 그 많은 사람들이 하나님을 깨닫도록 인도해 주었읍니
다.

그리스도인들의 삶을 종종 잘못 인도하는 사고방식 가운데
하나가 소위 "완전주의"라는 것입니다. 우리가 완전해지려고
하는 열망 자체는 결코 나쁜 것이 아닙니다. 그러나 그것이
지나치게 우리의 생각을 지배할 때 그리스도인으로서 우리는
생활 속에서 다음과 같은 반응을 보일 수가 있읍니다.
"자, 우리는 완전해져야 합니다. 모두가 신앙인들이고 하나
님의 자녀들입니다. 하나님을 사랑하고 하나님을 경외합니다.
그래서 하나님이 원하시는 완전한 사람이 되어야 합니다."
그러나 우리는 이러한 고백과 같은 삶을 살아가고 있는지요?
실제로 내 생은 그렇지 못합니다. 그래서 우리의 기대가 높을
수록, 열망이 클수록 좌절 또한 큽니다.

성경은 우리의 성장에 대해서 그렇게 조급해 하지 않지만
모든 그리스도인들이 성장하기를 원합니다. 그러나 하나님은
우리가 얼마나 연약한 인간인지를 잘 알고 계십니다. 그래서
우리를 향하신 하나님의 기대는 점진적입니다.

국민학교 어린이에게 어려운 수학 공식을 풀라고는 아무도

요구하지 않습니다. 그 어린이에게는 그에 상당한 수준만을 요구합니다.

나는 내 수준, 내 삶, 내 이력서, 내 신앙의 경력, 내 주변의 환경 속에서 어제보다 달라지는 오늘의 삶을 살아가고 있는지요? 이것이 중요한 것입니다. 성경이 요구하는 그 완전한 수준만큼 이르기 위해 너무 자기 자신을 강박관념 속에 몰아 넣을 필요는 없습니다.

완전주의적 사고방식 때문에 그리스도인들이 많은 경우 잘못을 범하고도 자기의 잘못을 합리화하고 그것을 인정하지 않으려는 경향이 있습니다. 이것이 우리 모든 그리스도인들이 범하고 있는 잘못입니다. 나는 하나님의 백성이므로 실수하지 않아야 하는데 실수를 했습니다. 이때 실수를 인정하는 것은 가슴아픈 일일 것입니다. 그래서 인정하지 않으려 합니다. 그리고 많은 이유를 들어 자신의 결백성을 설명하려고 합니다. 이러한 그리스도인들의 모습이 불신자의 눈에 얼마나 위선적으로 보이겠습니까?

믿지 않는 남편과 사시는 분이 계십니까? 믿지 않는 아내와 사시는 분이 계십니까? 무엇이 자신의 믿지 않는 남편이나 아내를 감동시킬 수 있다고 생각하십니까? 믿지 않는 동료들과 같이 근무하고 계시는 여러분, 여러분의 삶을 통해서 무엇이 그들에게 감동을 줄 수 있다고 생각하십니까? 그것은 내가 잘못하지 않았다고 우겨 대는 모습이 아니라 내 잘못을 그대로 시인하고 받아들이며, 그 잘못을 고치려고 노력하는 솔직하고 진지한 자세입니다. 이 모습이 그들에게 감동을 주지 않을까요?

본문에서 요나가 이 환난에 대해서 자신은 아무런 책임이 없다고 우겼다면 부흥은 일어날 수 없었을 것입니다. 그러나 자신의 잘못으로 이 모든 어려움이 찾아왔음을 고백하고 그것에 대해 책임을 지려는 결단을 하는 요나의 모습을 보고 그들은 요나의 하나님이 참으로 살아계신 분이신 것을 알았읍니다. 그래서 하나님과 아무런 관계가 없었던 이 사람들조차도 입술을 열어 부르짖기 시작했읍니다. 그들은 "하나님 야훼시여"라고 여호와 하나님을 향해 부르짖기 시작합니다.

"주 여호와께서는 주의 뜻대로 행하시나이다 하고 요나를 들어 바다에 던지매 바다의 뛰노는 것이 곧 그친지라 그 사람들이 여호와를 크게 두려워하여 여호와께 제물을 드리고 서원을 하였더라 여호와께서 이미 큰 물고기를 예비하사 요나를 삼키게 하셨으므로 요나가 삼일 삼야를 물고기 배에 있으니라"(14 ~ 17 절).
이 역사의 주인은 하나님이십니다. 요나가 자기의 모든 행동에 대해서 책임있는 응답을 하자마자 하나님께서는 예비하셨던 큰 물고기를 보내어 요나를 삼키도록 하셨읍니다. 그래서 요나는 삼일 삼야를 물고기 뱃속에 들어가서 지내게 되었읍니다.
아니 어떻게 사람이 물고기 뱃속에서 거할 수 있다는 말입니까? 믿을 수가 없읍니다. 성경의 모든 기적을 불신하는 것은 단 하나, 전능하신 하나님에 대한 신뢰의 결핍에서 비롯됩니다. 우리가 만일 전능하신 하나님을 잊지 않는다면 상황은 달라집니다. 전능하신 하나님께서 하고자 하신다면 가능하지 않겠읍니까? 자연을 창조하신 하나님께서는 때때로 이 자연을 초월하여 초자연적인 역사를 행하실 수도 있읍니다. 우리가 이 하나님의 주권을 빼앗으려 하지 맙시다.

일본의 젊은 과학도 한 사람이 일본의 유명한 신앙인이었던 내촌선생(內村先生)을 찾아와서 이렇게 묻습니다.
"선생님, 기적을 빼놓고 예수를 믿을 수는 없읍니까? 성경에 나오는 초자연적이고 기적에 속한 것만 빼놓고 예수 그리스도를 믿을 수는 없는지요? 왜 믿을 수 없는 기적까지 다 믿도록 요구하는지 모르겠습니다. 저는 성경에서 합리적이고 논리적으로 설득될 수 있는 부분을 통해서도 얼마든지 많은 은혜를 받을 수가 있습니다. 그런데 왜 믿을 수 없는 초자연적인 기적까지 믿으라고 하십니까?"

이 질문에 내촌선생은 이런 유명한 답변을 했읍니다.

"젊은이, 성경에서 기적을 다 빼버리면 성경에 꼭 두 가지만 남네. 성경의 이쪽 뚜껑과 저쪽 뚜껑만 말일세. 왜인 줄 아는가? 보게나, 창세기 1장 1절은 어떻게 시작되는가? 태초에 하나님이 천지를 창조하실 때 절대무의 상태에서 우주를 창조하시지 않았나? 그것은 기적이 아니고 무엇이겠나. 성경의 마지막 페이지에선 주님께서 구름타고 영광 중에 온 천하를 심판하시기 위해서 다시 오신다고 말하네. 이것도 기적이 아닌가? 기적을 수용할 수 없는 사람은 창세기부터 계시록까지 어떤 멧세지도 수용할 수 없네. 자연을 뛰어넘는 초자연적인 하나님을 바라보는 안목을 가진 사람만이 하나님을 볼 수가 있네."

그렇습니다. 하나님께서 지금 일을 하고 계십니다. 하나님이 요나를 훈련시키기 위해서 중대한 일을 하고 계십니다. 한 마디로 이 물고기를 예비하신 의도는 요나에게 교훈을 주시기 위해서입니다. 그것은 하나님의 낯을 피하여 도망하는 것이 얼마나 어리석은 것인가를 깨우치기 위한 교훈입니다. 하나님 앞에서의 불순종이 얼마나 커다란 범죄인지 깨우쳐 주시기 위해 하나님은 역사하십니다.

제 2 장

하나님을 향해
달려오는 요나

2장에서는 몇 가지 중요한 낱말들에 초점을 맞추어 그 뜻을
살펴보고자 합니다.

① "하나님 여호와께"(1절)

"요나가 물고기 뱃속에서 그 **하나님 여호와께** 기도하여"(1
절).

요나는 물고기 뱃속에서 가장 먼저 "하나님 여호와께" 기도하
는 일을 시작했읍니다. 1장에서 요나는 하나님으로부터 피하
여 도망가고 있었읍니다. 그는 하나님을 등지고 있었읍니다.
그러나 이 물고기 뱃속에서 그는 여호와 하나님께 기도를 시
작합니다. 그의 얼굴은 하나님을 향하기 시작합니다. 비로소
그는 이 물고기 뱃속에서 하나님을 향하는 새로운 삶의 자세
를 갖기 시작했읍니다.

여러분, 기억하십시오. 주님께서 당신을 사랑하십니다. 그
런데 당신은 하나님으로부터 도피하고 있지 않습니까? 그리
고 당신이 마땅히 해야 할 일을, 마땅히 감당해야 할 사명을

감당하지 못하고 있지 않습니까? 그렇다면 하나님은 오늘 당신을 위해서도 물고기를 예비하고 계시다는 사실을 기억하시기 바랍니다. 그 물고기는 내 가정의 풍랑일 수도 있습니다. 그 물고기는 내가 당하는 육체적인 질병일 수도 있습니다. 그 물고기는 내 자식들이 당하는 어려움일 수도 있습니다. 캄캄한 물고기 뱃속에서 하나님은 나로 하여금 내가 마땅히 배워야 할 교훈을 알게 하십니다.

2 "내가 받는 고난"(2절)
"가로되 **내가 받는 고난**을 인하여 여호와께 불러 아뢰었삽더니 주께서 내게 대답하셨고"(2절).
"내가 받는 고난"을 인하여 그는 고난의 의미를 묵상하기 시작했읍니다. 내가 왜 이런 고난을 받아야 할까? 내가 받는 이 고난의 의미는 무엇인가?

모름지기 그리스도인이라면 우리 모두는 자기가 받는 고난의 의미를 묵상하지 않으면 안 됩니다. 고난이 꼭 징계 때문에 오는 것은 아닙니다. 그러나 때로 하나님께서 징계하시기 위해 고난을 주신다는 사실을 성경은 분명히 가르칩니다. 또한 주께서 나를 사랑하시기 때문에 나를 징계하십니다.

징계에 대하여 성경에 나타나는 세 가지 원칙이 있습니다.

첫째, 징계는 모든 성도에게 찾아옵니다.
징계가 없으면 구원받은 그리스도인이 아닙니다. 내가 참으로 하나님의 자녀라면, 내가 그분의 사랑받는 자녀라면, 아버지 하나님께서는 나를 그대로 방치해 두시지 않고 나를 향해서 사랑의 채찍을 드십니다. 내게 하나님의 채찍이 가해질 때, 하나님의 사랑의 질책이 나를 향해서 찾아올 때 오히려 하나님을 찬양하십시오. 그 순간 내가 하나님의 자녀인 것이 증거되기 때문입니다. 징계는 모든 성도에게 찾아옵니다.

둘째, 징계는 아픈 것입니다.
징계 그 자체는 참으로 괴로운 것입니다. 그리고 고통스러운 것입니다.

세째, 징계의 목적을 깨달은 사람들에게 그것은 축복입니다.
하나님께서 왜 나를 치시는지 그 사실을 깨달은 사람에게 이 징계는 축복입니다. 그리고 징계받은 사람을 하나님께서는 쓰십니다.

요나는 물고기 뱃속에서 그가 받는 고난의 의미를 묵상하기 시작했읍니다. 그러나 오늘날 얼마나 많은 성도들이 고난을 받으면서도 이 고난의 책임을 다른 사람들에게 전가시키기에 급급한지요? 요나는 그가 받는 고난의 의미를 묵상합니다. "내가 받는 고난을 인하여 ……"

3 "부르짖었삽더니"(2절)
"내가 스올의 뱃속에서 **부르짖었삽더니** 주께서 나의 음성을 들으셨나이다"(2절).
그는 부르짖기 시작했읍니다. 기도하기 시작했읍니다.
지금도 요나처럼 물고기 뱃속에 들어가지 않고는 기도를 배울 수 없는 "요나"들이 얼마나 많은지 아십니까? 어려움을 당하지 않고는, 큰 풍랑을 당하지 않고는, 파도를 만나시 않고는 기도를 배우지 못하는 사람들이 너무도 많습니다.
요나는 물고기의 캄캄한 뱃속에서 주님을 향하여 기도하면서 이렇게 외쳤을지 모릅니다.
"내가 왜 기도하지 않았을까? 저 평안한 땅에서, 저 아름다운 땅에서, 저 좋은 환경에서 저 아름다운 상황 속에서 나는 왜 기도하지 않았을까?"
그러나 요나가 이제라도 기도를 배운 것은 다행한 일입니다.

모든 상황이 절망적일 때, 의사가 나에 대해서 최후의 고개를 흔들 때에도 하나님이 내 곁에 계셔서 내 음성을 듣고 계시다는 사실은 축복이 아닙니까?

4 "다시 주의 성전을 바라보겠다"(4절)
"내가 말하기를 내가 주의 목전에서 쫓겨났을지라도 **다시 주의 성전을 바라보겠다** 하였나이다"(4절).
4절에서 요나의 유명한 고백이 기록되어 있읍니다. 4절은 2장에서 가장 중요한 요절입니다.

이 말씀에서 중요한 낱말은 "다시"라는 낱말입니다. 그는 지금까지 얼마 동안 하나님과의 교제가 끊어져 있었다는 사실을 잘 알았읍니다.

그래서 요나는 고백합니다.
"그러나 제가 다시 주의 성전을 바라보겠읍니다. 주님, 다시 성경을 펼치겠읍니다. 다시 엎드려 기도하겠읍니다. 다시 하나님을 섬기겠읍니다. 다시 예수 그리스도의 복음을 증거하겠읍니다."
그는 다시 하나님을 바라보기 시작했읍니다. 다시 말하면, 하나님과의 교제가 회복되었읍니다.

자기가 앉아 있는 권력의 보좌에서 침몰하기 전까지 이 기도와 하나님과의 교제의 중요성을 배우지 못하는 현대의 "요나"들이 얼마나 많이 있읍니까? 그가 경영하는 사업이 한순간에 풍지박산이 나기 전까지 기도의 중요성을 모릅니다. 하나님과의 교제의 중요성을 배우지 못합니다. 숨을 쉴 수 없는 최후의 순간에 이르기 전까지 기도할 줄 모르는 현대의 요나들이 우리의 주변에 얼마나 많습니까?

그러나 요나는 이제라도 다시 하나님을 바라보기 시작했읍니다.

5 "여호와를 생각"(7 절)

"내 영혼이 내 속에서 피곤할 때에 내가 **여호와를 생각**하였
삽더니 내 기도가 주께 이르렀사오며 주의 성전에 미쳤나이
다"(7절).

한 걸음 더 나아가서 요나는 여호와를 생각하기 시작했읍니다.

우리는 편안할 때 자주 하나님을 망각합니다. 지금 우리가
앉아 있는 방안이 물고기의 뱃속이라고 생각해 보십시오. 삶
과 죽음이 오고가는 이 절박한 상황에 던져졌다고 생각해 보
십시오.

구세군의 창설자이신 윌리엄 부드는 이렇게 충고했읍니다.
"성도 여러분, 기도를 배우시기 바랍니다. 기도할 때는 당신
이 지금 드리는 그 기도에 생사가 달린 것처럼 생각하십시오."
네, 기도를 배우십시오. 그리고 기도를 하십시오. 기도하실
때 지금 드리는 이 기도에 당신의 생사가 달린 것처럼 하시기
바랍니다. 그때 우리의 기도는 얼마나 절박해지겠읍니까? 우
리의 기도에 필요없는 수식어는 얼마나 많이 떨어지겠읍니까?
요나가 물고기의 뱃속에서 "전지전능하시고, 무소부재하시고,
높고높은 보좌 위에서 …"라는 말로 기도를 시작했을까요?
오히려 그는 원색적인 기도를 했을 것입니다.

"하나님, 살려 주십시오. 한 번만 봐주십시오. 정신 똑똑히
차리고 다시 출발하겠읍니다. 한 번만 더 내게 일할 수 있는
기회를 주십시오."

그리고 그는 물고기 뱃속에서 하나님을 생각하기 시작했읍니
다. 주님을 묵상하기 시작했읍니다. 그토록 자기의 의식 속
에서 하나님을 지워 버리려고 했던 요나가 그 물고기의 뱃속
에서 하나님을 생각하기 시작했읍니다. 이 물고기는 얼마나
위대한 물고기입니까? 이 물고기의 뱃속은 얼마나 놀랍고 위
대한 자리였읍니까?

6 "감사하는 목소리"(9절)
"나는 **감사하는 목소리**로 주께 제사를 드리며 나의 서원을 주께 갚겠나이다"(9절).

그는 9절에서 감사하는 목소리로 말하기 시작합니다. 그가 편안한 삶을 살 때 일찌기 그의 입술에는 감사의 언어가 없었읍니다. 그가 마음대로 자기의 삶을 누릴 수 있었던 상황 속에서 그는 감사의 언어를 잊었읍니다. 그런데 물고기의 캄캄한 뱃속에서 그는 감사의 언어를, 감사의 노래를 되찾기 시작했읍니다. 왜 감사했을까요?

"주께 제사를 드리며 나의 서원을 주께 갚겠나이다. 구원은 여호와께로서 말미암나이다."

그는 주께서 자신을 구원하신 사실을 확신했기 때문입니다. 기도에 응답하셨다는 사실을 확신했기 때문입니다. 요나가 비록 하나님에게 불순종했지만, 그가 일시 하나님의 목전에서 쫓겨났지만, 그가 일시 하나님을 거절하고 있었지만, 요나는 역시 신앙인이었읍니다. 그는 기도의 의미를 잘 알았읍니다. 그래서 기도할 때 그 기도를 이미 응답하신 하나님을 확신했읍니다.

2절의 말씀을 다시 한번 보겠읍니다.
"내가 받는 고난을 인하여 여호와께 불러 아뢰었삽더니 주께서 내게 대답하셨고……"

그는 기도의 응답을 이미 받아냈읍니다. 그리고 그 속에서 주께 받은 교훈으로 인하여, 그리고 나를 구원하셨다는 사실을 확신했기 때문에 요나는 감사할 수 있었읍니다. 그는 물고기의 뱃속에서 감사를 배웠읍니다.

그리고 때가 찬 시각에 하나님은 물고기에게 명령하십니다.
"그를 토하라."

그래서 그는 육지로 나왔읍니다.

데어도로 에프(Theodore Epp)라는 목사님이 이런 유명한 이야기를 했읍니다.

"이 물고기는 얼마나 위대하냐. 이 물고기는 요나에게 있어서 가장 훌륭한 신학대학이었다."

그렇습니다. 요나는 물고기의 뱃속에서 변화되었읍니다. 이곳에서 그는 하나님을 향하게 되었읍니다. 고난의 의미를 깨달았읍니다. 기도를 배웠읍니다. 하나님과 교제하기 시작했읍니다. 하나님을 생각하기 시작했읍니다. 하나님 앞에 감사하기 시작했읍니다.

이 신앙의 감격을 알지 못하고 살아가는 사람들에게 주께서는 또 하나의 물고기를 예비하실 수 있읍니다. 이 환란과 풍랑과 파도와 물고기가 오기 전에 주님을 더욱 잘 섬기는 사람들은 얼마나 복된지요? 마땅히 그가 배워야 할 모든 교훈을 다 배웠을 때 주께서 명하십니다.

"토하라."

요나는 뛰쳐나왔읍니다. 이 날은 얼마나 위대한 날이었읍니까? 이 날은 요나가 물고기 "신학대학"(Fish Theological Seminary)을 졸업하는 날이었읍니다. 그는 새사람이 되었읍니다.

제 3 장

하나님과 함께 달리는 요 나

I. 여호와께 돌아옴 (1, 2절)

드디어 3장 1절에서 하나님의 말씀이 요나에게 두번째로 임합니다.

그리고 우리는 2절에서 중요한 세 단어를 발견합니다. **"일어나** 저 큰 성읍 니느웨로 **가서** 내가 네게 명한 바를 그들에게 **선포하라."**

1장 첫머리에서 우리는 이 세가지 명령을 보았읍니다. 그런데 이제 요나는 다시 두번째 명령을 받습니다. 이에 요나는 어떻게 응답합니까? 1장에서 요나는 하나님으로부터 도피하였읍니다. 그러나 2장에서 요나는 하나님을 향하여 다시 달려옵니다.

2장 4절에서 **"다시"**라는 단어의 중요성을 강조했읍니다. 주의 목전에서 쫓겨났을지라도 다시 주의 성전을 바라보겠노라고 고백하며 주님을 향하여 달려오고 있는 요나를 보십시오. 그는 물고기의 뱃속에 들어가 하나님의 징계를 받았읍니다.

그리고 주님과의 교제를 회복했읍니다. 또한 주님의 말씀에 순종하는 것이 얼마나 중요한지 깨달았읍니다. 그는 이제 하나님과 함께 달리고 있읍니다.

II. 하나님의 명령을 선포함 (3 ~ 9 절)

3장에서 가장 중요한 요절은 3절입니다.

"요나가 여호와의 말씀대로 일어나서 니느웨로 가니라 니느웨는 극히 큰 성읍이므로 삼 일길이라."

3장에서는 하나님과 함께 달리고 있는 요나의 모습을 볼 수 있읍니다. 2장에서 그의 시선을 하나님께로 향하고 하나님과의 교제를 회복했던 요나가 3장에서 하나님과 함께 달리며 하나님과 함께 일합니다. 1장 2절에서 하나님은 요나에게 "너는 일어나 저 큰 성읍 니느웨로 가서 그것을 쳐서 외치라"고 말씀하셨읍니다. 이 말씀을 3장 2절과 비교하시기 바랍니다. "일어나 저 큰 성읍 니느웨로 가서 내가 네게 명한 바를 그들에게 선포하라."

우리는 이 말씀에서 똑같은 말씀이 반복되고 있는 것을 봅니다. 하나님은 불순종한 요나에게 한 번 더 말씀하셨읍니다. 이것은 다시 주시는 은총의 기회였읍니다.

한 번만 말씀하시고 그것으로 포기하지 않으십니다. 두번째의 기회를 주시는 하나님께 감사하십시오. 한 번으로 모든 것을 끝내지 않으시는 하나님께 감사하십시오. 하나님은 나에게 한 번 더 기회를 주십니다. 주님은 우리의 생애 속에도 얼마나 자주 두번째 은총의 기회를 주셨읍니까? 이 은총 때문에 우리는 하나님 앞에 다시 응답할 수 있었읍니다. 다시 일어설 수 있었읍니다. 다시 주님과 함께 사역할 수 있었읍니다.

"요나가 여호와의 말씀대로 일어나서 니느웨로 가니라"(3절).

3절에서 요나는 여호와의 말씀대로 일어났읍니다.

하나님의 말씀이 내게 부딪쳐 왔을 때, 주의 말씀이 나를 향해서 교훈하실 때 우리는 요나처럼 하나님의 말씀대로 일어나서 주님과 함께 달리고 있는지요? 성경은 요나가 여호와의 말씀대로 일어나서 니느웨로 갔다고 기록하고 있읍니다.

4절 이하의 말씀을 보겠읍니다.

"요나가 그 성에 들어가며 곧 하룻길을 행하며 외쳐 가로되 사십일이 지나면 니느웨가 무너지리라 하였더니 니느웨 백성이 하나님을 믿고 금식을 선포하고 무론 대소하고 굵은 베를 입은지라 그 소문이 니느웨 왕에게 들리매 왕이 보좌에서 일어나 조복을 벗고 굵은 베를 입고 재에 앉으니라"(4~6절). 요나의 사역이 드디어는 니느웨 왕을 회개하도록 만들었읍니다.

Ⅲ. 하나님의 구원 (10절)

이렇게 회개하는 니느웨 왕과 니느웨 백성들의 행한 것을 보시고 10절에서 하나님은 이렇게 역사하십니다.

"하나님이 그들의 행한 것 곧 그 악한 길에서 돌이켜 떠난 것을 감찰하시고 뜻을 돌이키사 그들에게 내리리라 말씀하신 재앙을 내리지 아니하시니라."

회개는 입술만의 자복을 뜻하지 않습니다. 참된 회개는 죄를 버리고 일어나야 합니다.

"만일 우리가 우리 죄를 자백하면 저는 미쁘시고 의로우사 우리의 죄를 사하시며."

이 말씀의 자백은 단순한 입술만의 고백을 뜻하지 않습니다. 이것은 구체적으로 죄를 버리는 것을 말합니다. 그 악한 길에서 떠나는 것을 말합니다. 여기에 하나님께서 니느웨를 용서하신 이유와 그 백성들에게 은총의 기회를 다시 주신 이유가 있읍니다. 그것은 그들이 참으로 회개했기 때문입니다. 우리

는 그 회개의 뚜렷한 증거를 이 말씀을 통해서 봅니다. 하나
님은 그들이 악한 길에서 떠난 것을 감찰하셨읍니다. 하나님
의 백성들이 죄의 길에서 죄를 버리고 떠나는 역사가 일어날
때 비로소 하나님의 은총은 구체적으로 임하는 것입니다. 이
것은 어느 시대에나 하나님의 부흥이 나타날 때에 동일한 사
실로 강조되고 있는 현상 중에 하나입니다.

역대하 7 장 14 절의 말씀을 보겠읍니다.
"내 이름으로 일컫는 내 백성이 그 악한 길에서 떠나 스스로
겸비하고 기도하여 내 얼굴을 구하면 내가 하늘에서 듣고 그
죄를 사하고 그 땅을 고칠지라."
이 말씀이 그대로 임한 경우가 바로 니느웨 성의 사건입니다.
부흥은 하나님의 백성들이 그 악한 길에서 "떠나" 스스로 "겸
비하고" 기도하여 하나님의 얼굴을 "구하면" 이루어집니다.
하나님은 어떻게 약속하십니까? "내가 하늘에서 듣고."
그때에 하나님은 기도를 들으십니다. 우리의 죄가 하나님과
나 사이를 막고 있을 때 우리가 드리는 그 수많은 기도는 하
나님 앞에 열납될 수가 없읍니다.
여호와의 손이 짧아서 우리를 구원치 못하심이 아닙니다.
하나님의 귀가 둔하여 우리의 기도를 듣지 못하심이 아닙니다.
성경은 우리의 죄가 하나님과 너희 사이를 내었다고 말합
니다. 죄는 언제나 하나님과 인간 사이에 간격을 가져 옵니다.

기도가 응답되기를 원하십니까? 그러나 기도의 응답 이전
에 나와 하나님 사이의 관계를 막고 있는 죄가 없는지 살펴
보십시오. 그리고 우리는 그 죄를 버려야 합니다. 죄에서 떠
나야 합니다. 그때 성경은 주께서 내 기도를 하늘에서 "들으
시고" 그 죄를 "사하시고" 그 땅을 "고쳐 주신다"고 약속합
니다.
이것이 부흥입니다. 부흥회를 갖는 것이 부흥이 아닙니다.

하나님의 백성들이 참으로 겸비하여 죄를 떠나고 주님 앞에 돌아올 때에 주께서는 우리의 기도를 열납하십니다. 그리고 치료하기를 시작하십니다. 나 개인을 고치십니다. 우리 가정을 고치십니다. 교회를 고치십니다. 우리가 살고 있는 공동체를 바꾸어 주시는 갱신의 역사를 시작하십니다. 이것이 진정한 의미에서의 부흥입니다.

　회개와 부흥의 역사적 관계를 잘 제시하여 주는 한 구절을 더 소개하겠습니다.

　요엘서 2장을 보겠습니다.

"여호와의 말씀에 너희는 이제라도 금식하며 울며 애통하고 마음을 다하여 내게로 돌아오라 하셨나니 너희는 옷을 찢지 말고 마음을 찢고 너희 하나님 여호와께로 돌아올지어다 그는 은혜로우시며 노하기를 더디하시며 인애가 크시사 뜻을 돌이켜 재앙을 내리지 아니하시나니 주께서 혹시 마음과 뜻을 돌이키시고 그 뒤에 복을 끼치사 너희 하나님 여호와께 소제와 전제를 드리게 하지 아니하실는지 누가 알겠느냐"(12～14절). 이 말씀에 "복을 끼치사"라는 단어가 나옵니다. 성경은 언제나 축복 이전에 회개를 강조합니다. 회개 없이는 축복은 없습니다.

　오늘날 현대 교회의 비극은, 특별히 한국 교회의 비극은 회개 없는 축복이 강조되고 있다는 데 있습니다. 우리는 회개를 강조하지 않고 축복만을 구하고 있습니다. 우리의 죄를 버리지 아니하고, 하나님께로 돌아오지는 아니하고, 복을 구하기만 하는 이 안타까운 우리 시대의 비극을 보십니까? 그러나 성경은 언제나 축복 이전에 회개를 강조합니다. 부흥 이전에 회개를 강조합니다. 참된 회개가 없는 곳에 부흥은 없습니다. 축복도 있을 수 없습니다. 그러나 니느웨 성의 왕과 그 백성들이 참으로 회개했을 때 하나님은 이 모든 말씀에서 약속하신 그대로 그 땅을 고치시고 그들을 향해서 인자하심을 베푸시는 긍휼의 역사를 행하십니다. 요나가 하나님과 함께 역사했을 때 요나를 통해서 하나님은 온 도성을 깨끗하게 하셨읍니다.

잊지 마시기 바랍니다. 내가 하나님과 함께 있어야 할 자리에 있기만 하면 하나님께서는 나를 쓰십니다.

당신은 마땅히 있어야 할 자리에 있읍니까? 아니면 요나처럼 불순종하는 자리에 있지는 않은지요? 그러나 변화된 요나처럼 내가 주님과 마땅히 있어야 할 자리에 있을 때, 하나님의 말씀대로 일어나 주의 말씀을 참으로 순종할 때 요나를 쓰시던 하나님이 우리를 쓰십니다. 나를 통해서 내 가정을 새롭게 하시고, 나를 통해서 내 교회를 새롭고 하시고, 나를 통해서 내 공동체를 새롭게 하십니다. 우리는 한 사람을 통해서 그들이 처하고 있는 상황을 변화시켜 주시는 하나님의 영광스러운 치료의 사역을 발견할 수 있읍니다.

가장 중요한 질문은 이것입니다.
나는 하나님과 함께 있어야 할 자리에 있는가?

인도에서 모든 사람의 마음을 크게 감동시켰던 수녀 성 테레사를 아는 사람은 많을 것입니다. 그러나 스잔(Susan)이라는 자매를 아는 사람은 많지 않을 것입니다. 저는 인도에서 오랫동안 선교하던 선교사님을 통해서 스잔자매의 참 아름다운 선교 간증을 접한 적이 있읍니다.

이 자매는 미국에서 파송된 간호원 선교사로서 마드라스라는 곳에서 사역을 했읍니다. 그러다가 열병에 걸렸읍니다. 사람들이 이제 그만 쉬라고 권유합니다. 그때마다 늘 스잔자매는 "나를 이곳에 보내신 그분의 명령이 없이는 제 일을 쉴 수가 없읍니다"라고 대답했답니다. 병원측에서 아무리 요구했지만 영 자기의 일을 쉬지 않았읍니다. 그리고 아픈 몸으로 병원에서 환자들을 돌보며 복음을 전하는 사역을 충성스럽게 계속했읍니다. 병원측에서는 할 수 없이 선교 본부에 연락했읍니다. 선교 본부에서 편지가 날아옵니다. 그만 본국으로 돌아오라는 소환 명령이었읍니다.

이 자매는 이렇게 답장을 씁니다.

"선교 본부에서 저를 인도땅 마드라스에 올 수 있도록 모든 배려를 해주신 것을 저는 언제나 고맙게 생각합니다. 그러나 나를 이곳에 보내 주신 그분의 명령이 없이는 저는 한 발자국도 움직일 수가 없읍니다."

할 수 없어서 선교 본부에서는 그 가정에 연락을 했답니다. 부모로부터 돌아오라는 편지가 날아옵니다. 이 자매는 부모님에게 답장을 씁니다.

"부모님이 저에 대한 큰 애정에서 저를 염려하시는 심정을 잘 압니다. 그러나 저를 이 땅에 보내 주신 그분은 부모님이 아니십니다. 저를 이 땅에 내보내신 그분의 명령이 없이는 저는 한 발자국도 이 자리에서 움직일 수가 없읍니다."

할 수 없다고 판단한 병원측에서는 스잔자매를 병원에서 내보냈읍니다.

이 자매는 갈 곳이 없었읍니다. 그녀는 열대지방 특유의 열병을 몸에 지니고 아픈 몸을 이끌고 걷고 걸어서 인도의 북쪽 치따우라는 작은 마을에 도착했답니다. 그 마을에는 열병환자들과 여러 종류의 환자들을 수용하는 수용소가 있었읍니다. 스잔 자매는 이 수용소에 스스로 갇혔읍니다. 그리고 자신도 환자의 몸이었지만 다른 환자들을 치료하면서 복음을 증거하는 사역을 시작했읍니다. 그때부터 수용소에 찬양소리가 울려 퍼지기 시작합니다. 기도하는 사람들의 음성이 늘어가기 시작합니다. 예수 그리스도를 구주로 영접하고 구원의 기쁨을 찾은 사람들의 간증 소리가 늘어가기 시작했읍니다. 지옥 같았던 이 수용소가 놀랍게 변화되기 시작했읍니다. 이곳은 그 오랜 인도 선교의 역사에서 선교사들이 아직까지 단 한 번도 발을 디뎌 놓지 않았던 곳이라고 합니다. 얼마 후에 하나님은 깨끗이 스잔 자매의 병을 치료해 주셨읍니다. 그 후에도 그녀는 남아서 계속하여 인도의 북쪽 지방인 그 작은 지방에서 선교의 사역을 감당했읍니다. 그녀는 인도 선교 사상 가장 놀라운 선교의 열매를 거두고 그 마을 사람들의 절반을 주님 앞으로 인도하였읍니다. 이 수치는 인도에서는 기적에 속하는 일입니다. 왜 하나님이 이 자매를 쓰셨읍니까? 그녀는 주님께서 원하시는 자리에 있기를 원했기 때문입니다.

요나가 하나님의 말씀대로 일어나 주님께서 요구하시는 그 거리를 달려갈 때에, 주님과 함께 있을 때에, 하나님은 요나를 쓰셨읍니다. 그는 얼마나 불순종했던 사람이었읍니까? 그러나 그가 돌이켰을 때 하나님은 그를 쓰십니다.

그렇다면 과거에 나도 한때 주님을 등지고 있었지만, 그 주님은 다시 나를 쓰실 수가 있읍니다. 다시 주시는 이 은총의 날에, 나를 향하신 이 하나님의 명령 앞에 오늘의 나는 어떻게 응답합니까?

"보라 지금이 은혜받을 만한 때요 보라 지금이 구원의 날" 이라고 성경은 우리에게 가르칩니다.

아직도 문이 열려 있는 이 은총의 기회, 아직도 주께서 오래 참으시며 우리에게 재차 이 선교의 사명을 주시는 이 은혜의 날에 나는 하나님의 명령 앞에 어떻게 응답하고 있읍니까?

제 **4** 장

하나님 앞에
다시 주저앉은 요나

요나서 3장을 읽다가 4장을 보면 이해되지 않는 사건의 변화
가 있습니다. 요나서 4장에 나타난 요나의 모습을 한 마디로
요약해 주는 중요한 구절은 5절 말씀입니다.
"요나가 성에서 나가서 그 성 동편에 앉되 거기서 자기를 위
하여 초막을 짓고 그 그늘 아래 앉아서 성읍이 어떻게 되는
것을 보려 하니라."
이 말씀에는 두 번 반복되는 동사가 등장합니다. 그것은 "앉
되"라는 낱말입니다. 3장에서 우리는 일어나 뛰고 있는 요나
를 보았습니다. 그러나 4장에서 요나는 다시 주저 앉습니다.
4장에 나타난 요나의 모습은 하나님 앞에 다시 주저 앉은 모
습입니다. 그가 앉은 것은 일이 다 끝났기 때문이 아닙니다.
이제 그는 구경꾼의 자리로 변모하기 시작합니다. 3장에서 그
는 얼마나 열심히 일했습니까? 3장에서 우리가 본 요나의 모
습은 일꾼의 모습이었습니다. 그는 일하고 있었습니다. 그는
사역하고 있었습니다. 그러나 4장에서 요나는 방관자의 자리
에 머뭅니다. 그는 주저앉아 저 성읍이 어떻게 되는가를 구경

합니다. 일꾼이 갑자기 방관자로 변합니다.

I. 방관자의 자리에 머무는 요나(1~5절)

4장 1절에 보면 우리가 이해할 수 없는 요나의 반응을 보게 됩니다.

"요나가 심히 싫어하고 노하여 …"

무엇을 싫어했읍니까? 하나님이 니느웨 성을 저주하지 않으시고 니느웨 성 백성들을 불쌍히 여기시고 그들을 긍휼히 여기사 그들을 구원하시는 일을 요나가 심히 싫어 했던 것입니다.

2절을 보겠읍니다.

"여호와께 기도하여 가로되 여호와여 내가 고국에 있을 때에 이러하겠다고 말씀하지 아니하였나이까 그러므로 내가 빨리 다시스로 도망하였사오니 주께서는 은혜로우시며 자비로우시며 노하기를 더디하시며 인애가 크시사 뜻을 돌이켜 재앙을 내리지 아니하시는 하나님이신 줄을 내가 알았음이니이다."

선교의 장애물이 무엇입니까? 우리가 복음을 전할 때에 그 복음을 막고 있는 커다란 장애물이 무엇입니까? 우리는 요나의 모습을 통해서 선교의 커다란 세 가지 장애물을 발견할 수 있읍니다.

하나는 **이기심**입니다.

요나는 자신이 싫어하는 원수 민족이 망하기를 원하는 민족적인 편견이 있었읍니다. 바로 이 편견 때문에 니느웨 백성들이 회개하는 것을 싫어했던 것입니다. 우리가 이기심의 벽을 뛰어넘지 못하면 우리는 결코 선교할 수가 없읍니다. 오늘날 내가 만일 복음을 전하라는 주의 명령 앞에 순종하지 못하고 있다면 그것은 내 마음 속의 이기심이 나를 지배하고 있기 때문입니다. 그것은 민족적인 이기심이든지 아니면 개인적인 이기심이든지, 이기심은 언제나 선교를 가로 막습니다.

저는 요나의 심정을 이해할 수가 있을 것 같습니다. 만일 하나님께서 저를 일본에 선교하러 보내신다면 나는 어떻게 응답할 것인가 생각해 봅니다. 대부분의 한국 사람들이 다 그럴 줄로 생각합니다. 유독히 일본 사람에게만은 우리 민족 특유의 감정이 우리의 밑바탕에 흐르고 있습니다. 일본과 어떤 운동 경기를 하게 되면 우리는 얼마나 흥분합니까? 저는 만일 하나님께서 저를 일본으로 선교사로 보내신다면 사실 곧 순종하기가 어려울 것 같습니다. 그럼에도 불구하고 하나님께서 저에게 일본으로 보내셨다고 합시다. 억지로나마 저는 일본에서 복음을 전합니다. 만나는 사람에게 하나님의 사랑과 하나님의 용서의 복음과 구원의 복음을 그들에게 전합니다. 이 복음을 받아들이기 시작한 일본인들이 회개합니다. 하나님이 일본을 더욱 축복하십니다. 더 잘되게 하십니다. 일본을 세계 선교의 중요한 국가로 삼으십니다. 이때 저의 감정은 어떠하겠읍니까? 아마도 나는 이렇게 생각할지 모릅니다.

"괜히 선교했구나."

그렇다면 여기에서 우리는 요나를 이해할 수가 있읍니다.

"요나가 심히 싫어하고."

이런 이기심이 요나로 하여금 갑자기 한순간에 걸음을 중단시켰읍니다. 자기 본위의 편견과 이기심이 주님을 위해서 일하고 뛰던 우리의 발걸음을 붙잡아 맵니다.

또 하나 우리의 선교를 가로막는 요소는 **자기 본위로 하나님을 인식하는 것**입니다.

즉, 자기 본위의 신관입니다. 우리는 하나님을 생각합니다. 그러나 그 하나님은 자기 멋대로의 하나님이십니다. 요나가 생각한 하나님은 이스라엘 민족의 원수 국가인 니느웨를 망하게 하는 하나님이었읍니다. 그러나 하나님은 요나와의 대화를 통해서 요나의 마음 속에 있는 신관을 이제 바로잡아 주십니다.

우리는 자기 편리한 대로 하나님을 생각하기가 쉽습니다.
　어떤 사람들은 이렇게 생각합니다.
"사랑의 하나님이 왜 어떤 사람들을 지옥에 보내시는가?"
이 생각도 일종의 하나님에 대한 편견입니다. 지옥이 없기를
바라는 자기의 편견 때문입니다. 그러나 하나님이 하신다면
하는 것입니다. 우리는 성경을 취할 때, 또 이 말씀의 교훈
을 받을 때 사랑의 하나님은 받아들이지만 때로 공의의 하나
님은 받아들이지 못합니다. 천국을 예비하신 하나님을 믿지만
지옥을 예비하시는 하나님은 믿지 못합니다. 얼마나 많은 사
람들이 자기 본위로, 자기 중심대로 하나님을 인식하고 있는
지요?

　요나가 그러했읍니다. 니느웨를 저주하시는 하나님은 알았
지만 니느웨를 구원하시는 하나님은 몰랐읍니다.
　2절에서 요나는 하나님에 대한 새로운 인식을 고백하고 있
읍니다.
"주께서는 은혜로우시며 인애가 크시사 뜻을 돌이켜 재앙을
내리지 아니하시는 하나님이신 줄을 내가 알았음이니이다."
요나는 이제서야 알았다고 고백합니다. 여러분, 구약성경에
나타난 하나님이 이런 하나님이라고 이미 계시되지 않았읍니
까?
"인애의 하나님, 자비의 하나님, 용서의 하나님, 노하기를 더
디하시는 하나님."
그러한 하나님임을 성경은 얼마나 많이 강조했읍니까? 그런
데 사람들은 자기가 받아들이기 싫은 것은 안 받아들입니다.
우리가 언제나 하나님의 말씀 앞에 올바른 반응을 보이기 위
해서는 하나님의 교훈의 전체성 앞에 편견없이 응답해야 합니
다. 저주의 하나님과 동시에 요나는 이제 새로운 하나님 상을
배웁니다. 용서하시는 하나님, 은혜로우신 하나님을 배웁니다.
원수까지도 사랑하시며 용서하시는 하나님을 배웁니다. 한때

하나님께 그토록 반항하던 니느웨 백성들을 그들이 회개할 때 그 품에 안아 주시는 이 넓은 사랑의 하나님을 비로소 깨닫습니다. 우리의 하나님관이 교정될 때 선교를 향한 우리 시선의 폭은 그만큼 넓어지기 시작합니다.

선교의 또 하나의 벽은 **피곤**과 **낙심**입니다. 4절 이하에 보면 요나가 무척 피곤해 있는 모습을 볼 수가 있습니다. 우리가 육체적으로 너무 피곤해 있을 때 사역에 커다란 영향을 미칠 수가 있습니다. 이 세상의 모든 종교 가운데서 인간의 육체를 더럽다고 하지 않는 종교는 기독교밖에 없습니다. 우리는 이 사실을 잘 깨달았으면 좋겠습니다.

본래 육체를 정죄하고 육체를 더럽다고 생각하는 것은 초대 교회의 가장 무서운 이단이었던 영지주의의 사상에서부터 나온 것입니다. 이 영지주의는 영혼과 육체를 철저하게 구별합니다. 그래서 영혼만이 깨끗한 것이고 육체는 언제나 더러운 것이라고 생각했습니다. 우리의 영혼이 더 깨끗해지기 위해서는 육체를 억압하고 학대해야 하는 것으로 생각해 왔습니다.

그런데 신약성경의 바울 서신과 일반 서신 등 소위 서간들의 대부분은 바로 이 영지주의라는 이단을 경계하기 위해서 기록된 것입니다.

요한일서 4장에서 사도 요한은 이렇게 말합니다.

"사랑하는 자들아 영을 다 믿지 말고 그 영이 하나님께 속하였나 시험하라."

또한 요한은 예수께서 육체로 오신 것을 시인하지 아니하는 영마다 적그리스도에게 속한 것이라고 말씀합니다.

이 영지주의자들은 육체를 정죄하다가 커다란 교리적인 과오를 범하게 되었습니다. 그들은 거룩한 하나님이 어떻게 더러운 육체를 입고 세상에 오실 수가 있는가 라고 외칩니다. 그래서 그들은 그리스도의 성육신을 부정하고 말았습니다.

하나님이 육신을 입은 것은 사실입니다. 그러나 육신 그 자체가 결코 악한 것은 아닙니다. 우리 속에 있는 부패성은 악한 것이로되 육체 그 자체를 악하다고 성경은 정죄하지 않습니다. 성경처럼 인간의 육체를 존귀히 여기는 교훈은 다시는 없을 것입니다.

바울은 이렇게 말합니다.

"너희 몸은 하나님의 성령이 거하는 전인 줄을 알지 못하느냐."

성도의 몸을 가리켜서 성령이 거하는 성전으로 묘사합니다. 우리의 몸은 성전입니다. 이 사실은 얼마나 귀합니까? 인간의 존재는 몇 부분으로 되어 있는가 하는 것이 신학자들의 중요한 관심사입니다. 어떤 사람들은 인간이 영과 혼과 몸으로 되어 있다고 삼분설을 주장합니다. 또 어떤 사람들은 인간은 영혼과 육체로 되어 있다고 소위 이분설을 주장하기도 합니다.

어느 신학생이 저에게 이 문제를 물어와서 저는 일분설을 믿는다고 말한 기억이 납니다. 물론 하나님의 창조에 있어서 물질이라는 흙에다가 하나님의 생기라는 비물질을 집어 넣었을 때 인간이라는 인격체가 생겼읍니다. 그런 의미에서는 이분설이 합당합니다. 그러나 물질이라는 육체 속에 하나님의 생기가 들어왔을 때 이 두 가지는 우리가 살아 있는 동안에는 결코 분리할 수 없는 하나의 전인격적인 생명체가 되었다는 것을 성경은 가르칩니다.

이제 우리는 하나입니다. 그래서 사람들이 육체적으로 피곤하면 그것이 영적인 일에도 영향을 끼치게 되는 것입니다. 또 영적으로 문제가 생기면 인간의 육체에도 문제가 생기기 시작합니다. 그러기에 육체를 너무 학대하는 것은 합당하지 못합니다. 우리도 하나님의 일을 위해서는 너무 지나치게 육체를 학대해서는 안 됩니다. 우리는 육체에 대한 성실한 청지기적 직분이행이 필요합니다.

본문에서 피곤한 요나를 볼 수 있읍니다. 이 피곤과 낙심이 아마도 요나를 주저앉게 만든 요인일 것입니다. 때때로 우리가 열심히 일하다가 너무 피곤하므로 만사가 다 귀찮게 생각될 때가 있읍니다. 그래서 우리의 영적 생활이 메마르게 되고 순간적으로 영적인 침체 속에 빠지는 자신의 모습을 발견합니다. 그것이 요나의 문제였읍니다. 그래서 요나는 이제 일꾼의 자리에서 방관자의 자리로 돌아서기 시작합니다. 그러나 하나님은 요나를 그대로 놔두시지 않습니다. 요나를 아직도 쓰기를 원하시는 하나님은 요나가 주저앉은 그 모습 그대로 요나를 방치해 둘 수는 없었읍니다. 하나님이 다가오십니다. 주저앉은 요나를 다시 일으켜 세우기 위해서 하나님이 일하십니다. 그러면서 우리는 요나서에서 주어지는 교훈의 마지막 절정에 접근해 가기 시작합니다. 이제 가장 중요한 마지막 부분을 잘 보시기 바랍니다.

II. 하나님의 교훈 (6 ~ 11절)

"하나님 여호와께서 박 넝쿨을 준비하사 요나 위에 가리우게 하셨으니 이는 그 머리를 위하여 그늘이 지게 하며 그 괴로움을 면케 하려 하심이었더라 요나가 박 넝쿨을 인하여 심히 기뻐하였더니"(6절).
주저 앉은 요나의 머리 위에 박 넝쿨 그늘이 생기기 시작합니다. 이때 요나는 심히 기뻐했다고 말씀은 기록합니다. 이 상황은 하나님께서 요나에게 교훈을 주시기 위해 사용하신 하나님의 시청각적인 교육 현장이었읍니다.
7절을 보겠읍니다.
"하나님이 벌레를 준비하사 이튿날 저녁에 그 박 넝쿨을 씹게 하시매 곧 시드니라."
박 넝쿨도 하나님이 주셨읍니다. 그리고 그 그늘 아래서 쉬고 있던 요나를 위해서 이번에는 벌레를 준비하십니다. 요나는 시원한 박 넝쿨 그늘 아래서 좋아하고 있었읍니다. 그러나 갑자기 벌레가 나오더니 그늘을 이루고 있는 넝쿨을 다 썹어 먹어 버리고 맙니다.

8절을 보겠읍니다.
"해가 뜰 때에 하나님이 뜨거운 동풍을 준비하셨고 해는 요나의 머리에 쬐매 요나가 혼곤하여 스스로 죽기를 구하여 가로되 사는 것보다 죽는 것이 내게 나으니이다."
하나님께서는 벌레를 통해서 박 넝쿨을 다 거두어 가신 다음에 이번에는 뜨거운 동풍을 준비하셨읍니다. "준비"라는 낱말이 요나서에는 여러 번 등장합니다. 그는 폭풍을 준비하셨읍니다. 동풍도 준비하셨읍니다. 박 넝쿨도 준비하셨읍니다. 벌레도 준비하셨읍니다. 물고기도 준비하셨읍니다.
요나서에서 이 많은 자연들이 등장하는 것은 우리에게 무엇을 교훈하기 위함입니까? 하나님은 만유의 주님이십니다. 그분은 바람의 주인이십니다. 벌레들의 주인이십니다. 물고기의 주인이십니다. 육축의 주인이십니다. 그 주인께서 이번에는 뜨거운 동풍을 불게 하십니다. 그늘이 없어졌읍니다. 그리고 뜨거운 동풍이 불어 옵니다. 요나는 미칠 것만 같습니다. 요나는 사는 것보다 죽는 것이 낫다고 고백합니다.
9 절을 보겠읍니다.
하나님께서 요나에게 말씀하십니다.
"네가 박 넝쿨로 인하여 성냄이 어찌 합당하냐."
이에 요나의 대답이 아주 홍미롭습니다.
"내가 성내어 죽기까지 할지라도 합당합니다. 생각해 보십시오. 하나님, 그나마 시원한 그늘에 의지하고 이제 살 만하다 했더니 그 그늘까지 거두십니까?"

이제 요나서에서 주는 교훈 중 가장 중요한 절정으로 들어가겠읍니다.

"여호와께서 가라사대 네가 수고도 아니하였고 배양도 아니하
였고 하룻밤에 났다가 하룻밤에 망한 이 박 넝쿨을 네가 아꼈
거든 하물며 이 큰 성읍 니느웨에는 좌우를 분변치 못하는 자
가 십이만여 명이요 육축도 많이 있나니 내가 아끼는 것이 어
찌 합당치 아니하냐"(10, 11절).
여러분은 이 말씀이 주는 교훈의 핵심을 붙잡으십니까? 하나
님은 여기 박 넝쿨의 교훈을 통해서 니느웨 성의 영혼들을 아
끼시는 당신의 마음을 가르치십니다.
　"요나야!"
"네 하나님."
"박 넝쿨이 네 것이냐?"
"아니죠. 하나님이 주셨읍니다."
"네 것도 아닌 것을 네가 아끼지 않았느냐? 니느웨 성의 저
많은 영혼들은 내가 창조한 나의 백성들이란다. 그들을 아끼
는 것이 왜 합당치 아니하냐?"
　"요나야!"
"네 하나님."
"네가 저 박 넝쿨을 길렀느냐?"
"아니죠. 하나님이 기르신 것이죠."
"네가 만들지도 아니했고 네가 기르지도 않은 박 넝쿨을 네가
아끼지 않았느냐?"
"그렇습니다. 하나님."
"그것을 네가 아꼈거늘 하물며 내가 만들고, 내가 기르고, 내
가 섭리하고 있는 니느웨 성의 그 많은 영혼들을 내가 아끼
는 것이 어찌 합당치 아니하냐?"
　"요나야?"
"네 하나님."
"박 넝쿨은 며칠이나 가느냐?"
"글쎄요. 제 머리 위에 있었던 박 넝쿨은 하루밖에는 가지 않
았읍니다."

"네가 그 하루살이 박 넝쿨을 아꼈지?"
"그렇습니다 하나님."
"하루살이 넝쿨을 네가 아꼈다면 영원히 없어지지 아니하는 니느웨 성의 그 많은 사람들의 영혼을 내가 아끼는 것이 왜 합당치 아니하냐?"
이 박 넝쿨의 교훈을 통해서 하나님은 얼마나 놀라운 교훈을 우리에게 주십니까?

　여기에서 하나님의 가치 여부의 순서를 잘 보십시오. 식물과 동물과 인간이 하나님의 안목 앞에서 날카롭게 구별되고 있는 모습을 주목해서 보시기 바랍니다. 하나님은 이 많은 식물보다도 훨씬 더 동물을 귀중하게 보십니다. 니느웨 성에는 사람들뿐만 아니라 육축도 많이 있다는 사실을 강조하셨습니다. 그러나 육축의 숫자는 세시지 않았습니다. 하지만 니느웨 성에 살고 있는 사람들의 숫자는 주께서 세십니다.
"좌우를 분변치 못하는 사람들이 십이만여 명이요."
어떤 학자들은 좌우를 분변치 못한다는 말을, 선악을 분별하기 어려운 어린아이들을 가리키는 것이라고 생각합니다. 그러나 저는 그렇게 생각하지 않습니다. 니느웨 성의 영적인 어둠과 영적인 빛을 분별하지 못하는 인구 전체라고 이해합니다. 여기에 하나님은 니느웨 성의 모든 사람들의 숫자를 세시고 계셨습니다. 천하보다 더 귀한 한 사람 한 사람인 십이만여 명 그 영혼들을 내가 아끼는 것이 왜 합당하지 아니하냐고 말씀하십니다.

　아니 한 걸음 더 나가서 이 교훈의 가장 커다란 절정은 무엇입니까? 요나는 니느웨 성에 있는 그 많은 잃어버린 생명들을 향해서 설교를 합니다. 하나님의 말씀을 전파합니다. 그러나 요나는 그 영혼들의 소중함을 깨닫지 못하고 있었습니다.
　일상 생활에서 주어지는 즐거움의 테두리 안으로 우리는 빠

져들어갑니다. 그러나 우리 주변에는 수많은 ·영혼들이 멸망
을 향해서 그리스도없이 잃어버려져 가고 있습니다. 영혼들에
대한 애정이 결핍된 오늘의 성도들의 모습을 우리는 요나서를
통해서 보지 않습니까? 그들을 위해서 하나님은 벌레를 준비
하십니다. 당신이 시원한 박 넝쿨 그늘 아래서 당신을 향한
하나님의 사명과 하나님의 기대를 저버리고 주저앉아 있을 때
에 하나님께서는 그 박 넝쿨을 거두어 가시기 위해 벌레를 준
비하십니다. 당신이 돈을 벌어들이기 위해서 예수 그리스도를
망각하고 하나님의 귀한 교훈을 망각하고 있을 때에, 아니 더
중요한 일을 망각하고 있을 때에 하나님은 그 박 넝쿨을 거두
어 가십니다. 내게 무엇이 더 소중한지 알게 하시기 위해 박
넝쿨의 시원함을 즐기고 있는 그 순간에 이 벌레를 준비하실
수가 있습니다. 그 벌레는 순식간에 내게 찾아오는 권력의 침
몰일 수가 있읍니다. 사랑하는 사람들의 목숨을 앗아가는 하
나님의 징계일 수가 있읍니다.
만일 우리가 더 중요한 일을 망각하고 있다면./

　그렇습니다. 주께서는 이땅의 수많은 영혼들을 다 아끼십니
다. 그분은 사십 오억에 가까운 세계 인구 한 사람 한 사람을
아끼십니다. 그분은 중국의 십억 인구를 아끼십니다. 그리고
인도 땅의 칠억 인구를 아끼십니다. 중동의 칠억 인구를 아끼
십니다. 아프리카의 오억 인구를 아끼십니다. 소련의 이억 육
천외 인구를 아끼십니다. 미국의 이억 오천의 인구를 아끼십
니다. 인도네시아의 일억 이천의 수많은 영혼들을 아끼십니다.
북한의 이천만 영혼들 한 사람 한 사람을 주께서 아끼십니다.
"내가 그들을 아끼는 것이 어찌 합당치 아니하냐."
　그런데 우리는 하나님께서 사랑하시는, 이 지구라는 밭에
있는 영혼들을 얼마나 뜨거운 관심을 가지고 보는지요?
　회어져 추수하게 된 이 지상의 수많은 영혼들을 누가 책임
져야 합니까?

로마 카톨릭 칠억의 인구에게 세계 복음화의 사명을 맡기시겠
읍니까? 복음이 없이 냉냉한 형식주의 속에서 전락해 가고
있는 그들에게 말입니까?
변조된 기독교 모슬렘의 칠억 인구에게 세계복음화의 사명을
맡기시겠읍니까?
육억의 힌두교도들에게 세계복음화의 사명을 맡기시겠읍니까?
아니면 단순히 도덕에 의지해서 살아가고 있는 오억의 유교도
들에게 이 세계의 영혼들을 구원하는 절실한 선교의 사명을
맡기시겠읍니까?
막스(Marx)의 제자들인 오억의 공산당원들에게 사람들의 영
혼을 구원하는 이 막대한 선교의 사명을 맡기시겠읍니까?
아니면 삼억의 불교도들에게 인간 영혼의 구제를 맡겨야 한다
는 말입니까?

　지구상의 기독교 인구가 삼억이라고 말합니다. 　그러나 이
삼억이라는 기독교 인구 가운데 참으로 복음을 받아들이고 성
경을 알고 말씀으로 주님을 사랑하는 거듭난 그리스도인들은
일억 미만일 것입니다. 약 구천만밖에는 되지 않을 것이라고
생각합니다.
　이 구천만 인구에게 하나님은 사십 오억의 세계 인구를 주
님 앞으로 인도할 사명을 맡기십니다. 그런데 이 막대한 선교
의 사명을 위임받고 있는 오늘의 성도들은 어디에 있읍니까?
무엇을 하고 있읍니까?

　우리 교회가 크게 시야를 넓혀서 교회 밖을 향하여 시선을 돌
렸으면 좋겠읍니다. 내 교회만 부르짖지 말고 45억의 밭을 바
라보는 선교의 이상을 우리에게 주셨으면 좋겠읍니다. 그래서
그리스도없이 죽어가고 있는 수많은 영혼들을 향해서 관심을
가졌으면 좋겠읍니다. 그리고 교회 안에 아프리카, 중동, 중
공, 북한 등 복음이 들어가지 않은 세계의 각 나라들을 위해

기도하는 모임들이 생겨나고, 또한 선교사를 파견하는 선교의 모임이 생겨나서 그들을 위해서 기도하며, 도와 주며, 이 세들을 기르며, 선교사로 그들을 양성하는 이 놀라운 사명을 우리가 감당했으면 좋겠읍니다.

이 사명을 우리가 감당하지 못한다면 우리는 어쩌면 시원한 박 넝쿨 그늘을 즐기면서 세계를 사랑하시는 하나님의 중요한 사명을 불순종하고 있는 오늘의 요나가 될지도 모릅니다.

예수님은 어느 날 이런 말씀을 하십니다.

"심판때에 니느웨 사람들이 일어나 이 세대 사람들을 정죄하리니 이는 그들이 요나의 전도를 듣고 회개하였거니와 여기 요나보다 더 커다란 이가 있다."

요나보다 더 커다란 예수 그리스도께서 오늘날의 우리에게 이 복음의 사명을 맡기십니다. 그리고 성령님이 함께 하십니다. 그러나 오늘의 그리스도인들은 이 선교의 사명을 위해서 무엇을 하고 있읍니까? 북한을 위해서 기도하십니까?

제가 사랑하는 친구 목사님 가운데 북한 선교에 아주 깊이 관여하면서 선교하고 계시는 분이 있읍니다. 이분은 우리가 공개할 수 없는 통로들을 갖고 여러 가지 방법을 통해서 북한에 선교를 하고 계십니다. 그분이 제게 어느 날 편지 한 장을 전해 주었읍니다. 그 편지는 북한에서 온 편지입니다. 이 편지는 유고를 통해서 동경을 거쳐 마침내 한국에 있는, 북한 선교를 위해서 일하고 있는 단체로 온 편시입니다. 제가 큰 감동을 받았기에 이 편지의 한 부분을 적어 놓았읍니다. 그 중 한 부분을 소개하겠읍니다.

"지금 우리는 5시 예배를 드리고 있읍니다. 강장로님이 예배를 인도하고 계십니다. 우리 모임 중에서 두 사람이 얼마 전에 체포되었읍니다. 그 중 한 사람은 쑥섬에 끌려 갔읍니다. 그러나 우리는 하나님을 예배하는 이 일을 중단할 수가 없읍니다. 주님께서 곧 오시겠지요?"

여러분./ 이렇게 숨어서 그리스도의 복음을 위해서 기도하고 증거하는 우리의 사랑하는 형제들이, 이웃들이 있다면 이 좋은 환경에서 복음을 받고 있는 나와 당신의 책임은 무엇입니까?

이 책에서 요 "나"에게 "이렇게 선교하라"고 외치시는 주의 음성이 들리십니까?

빌레몬서

전체의 줄거리

"**그**리스도 예수를 위하여 갇힌 자 된 바울과 및 형
제 디모데는 우리의 사랑을 받는 자요 동역자인
빌레몬과 및 자매 압비아와 및 우리와 함께 군
사된 아킵보와 네 집에 있는 교회에게 편지하노니 하나님 우
리 아버지와 주 예수 그리스도로 좇아 은혜와 평강이 너희에
게 있을지어다 내가 항상 내 하나님께 감사하고 기도할 때에
너를 말함은 주 예수와 및 모든 성도에 대한 네 사랑과 믿음
이 있음을 들음이니 이로써 네 믿음의 교제가 우리 가운데 있
는 선을 알게 하고 그리스도께 미치도록 역사하느니라 형제
여 성도들의 마음이 너로 말미암아 평안함을 얻었으니 내가
너의 사랑으로 많은 기쁨과 위로를 얻었노라"(몬 1~7절).

어느 날이었읍니다. 라오디게아 동남쪽 씨에라 폴리스의 남
방인 소아시아의 작은 도시인 골로새에 살고 있던 마음씨 좋
고 인정 많은 그리스도인 빌레몬의 가정에서 일하던 한 노예
가 탈출하였읍니다. 주인에게 불만이 있었던 것은 아니었읍

니다. 그는 황금에 눈이 어두어져서 주인의 재산의 일부를 훔쳐 가지고 달아났읍니다. 사실 그는 주인의 남다른 사랑을 배신하기가 조금은 미안했을 것입니다. 그러나 그에게는, 나도 돈을 가지고 자유인이 되어 마음대로 인생을 즐기고 싶다는 유혹을 뿌리치기에는 너무나도 강렬한 유혹이 있었읍니다. 이 노예의 이름은 "오네시모"라고 합니다.

그는 본래 부리지아 사람입니다. 아마도 그는 로마의 군대가 정복지에서 젊은이들을 노예로 잡아다가 팔 때에 노예시장에서 팔려 골로새까지 오게 되었을 것입니다. 그는 본래 총명하고 재간이 있는 젊은이였읍니다.

그는 골로새를 떠나서 당시 세계의 수도였던 로마로 발걸음을 향했읍니다. 젊은 나이였고, 또한 혈기가 왕성한 이 청년은 로마의 상점과 화려한 주점들과 현란한 문명의 밀림을 상상하면서 설레이는 여정에 올랐을 것입니다. 그래서 그는 난생 처음 원하는 대로 돈을 쓸 수가 있었읍니다. 마시고 취하고 즐기면서 집시처럼 떠돌아 다니던 어느 날 드디어 그는 인구 1억 2천만의 나라 수도권에만 백 오십만의 인구가 밀집해 살고 있는 로마에 발을 들여 놓게 되었읍니다. 그리고 밤이 없는 로마의 홍등가에서 그는 얼마 동안 환락에 빠져 살았을 것입니다. 그러는 동안에 점차 그의 주머니에 있던 돈도 비어가기 시작합니다. 흥겹고 만족하리라고만 상상했던 환락과 자유의 생활 대신 설명할 수 없는 고독과 불안과 허무와 비애가 젊은이의 꿈을 슬프게 했읍니다.

그러던 어느 날이었을 것입니다. 생의 무의미와 부조리와 절망의 늪에서 몸부림치던, 이 유랑하던 노예 오네시모에게 그 누구도 믿지 못할 변화가 일어났읍니다. 그는 탈출과 반항과 방랑과 쾌락을 통해서 얻지 못했던 참된 자유를 얻게 되었읍니다. 뿐만 아니라 술과 여인과 도박과 유흥이 가져다 주지 못한 기쁨과 평안을 얻었읍니다. 어떤 일이 일어났읍니까?

이 일은 오네시모와 어떤 한 사람과의 만남에서부터 비롯되었습니다. 오네시모가 만났던 사람, 그는 다름 아닌 바울 사도였습니다.

우리는 150만 명의 인파 속에서 어떻게 오네시모가 바울과 만나게 되었는지 잘 알 길이 없습니다. 어쩌면 다른 노예들을 통해서 바울의 소문을 듣고 그가 직접 바울을 찾아가 만났는지 모릅니다. 또한 오네시모는 그의 옛주인이었던 골로새의 빌레몬의 집에 있을 때부터 바울을 알았을지도 모릅니다. 왜냐하면 바울과 빌레몬은 각별한 사이였기 때문입니다. 아니면 누군가가 그로 하여금 바울을 만나도록 중간에서 주선을 해주었는지도 모릅니다.

그때 바울은 부자유한 몸으로 옥중에 있었습니다. 물론 이 감옥은 전혀 자유가 없는 상태는 아니었습니다. 지금으로 말하자면 일종의 연금 상태와 비슷했습니다. 사도행전 28장 30절에 보면, 바울은 자기의 돈으로 셋집을 얻어서 거기에서 유하며 사람들의 방문도 받는 등 비교적 자유롭게 복음을 증거하고 있었던 모습을 발견하게 됩니다. 바울은 로마에서 두 번 투옥되었습니다. 본문의 장면은 바울의 제 일차 투옥 때입니다. 그러므로 때는 약 주후 60년에서 62년 사이였습니다.

9절에는 "나이많은 나 바울은"이라고 기록되어 있습니다. 이 사실로 미루어 보아서 바울의 나이는 벌써 고령에 접근하고 있었다는 것을 알게 됩니다.

본문 10절에서 바울은 오네시모를 향해서 이렇게 부릅니다. "갇힌 중에서 낳은 아들 오네시모를 위하여 네게 간구하노라." 다시 말하면 옥중에서 전도하여 신앙인이 된 오네시모를 그가 믿음의 아들로 삼았다는 것을 알 수가 있습니다. 바울은 문자 그대로 심혈을 기울여 오네시모의 신앙의 성장을 도왔을 것입니다. 이때부터 오네시모는 주야를 가리지 않고 바울의 처소를 찾게 되었습니다.

또한 바울과 오네시모 사이에는 각별하고도 깊은 교제가 이루어지기 시작합니다. 바울은 오네시모의 영적인 아버지가 되어 정성을 다해서 그에게 영적인 양육을 베풀었습니다. 총명한 오네시모의 신앙은 깊고 순수하고 그리고 현저하게 빠른 속도로 성장해 갔습니다. 오네시모는 성경을 읽고, 기도하고, 전도하는 이 모든 훈련을 바울 선생으로부터 친히 받았을 것입니다.

본문 12절에서 바울은 이렇게 말합니다.

"네게 저를 돌려 보내노니 저는 내 심복이라."

이 12절의 말씀이 시사해 주는 것처럼 오네시모는 바울 사도의 심복이 되었습니다. 또한 13절의 말씀이 보여 주는 것처럼 그는 여러 가지 면에서 바울을 아버지처럼 섬기며 바울의 손과 발의 역할을 감당하는 전도인이 되었습니다.

그러던 어느 날, 벌써부터 언젠가는 오리라고 각오했던 그 날이 찾아옵니다. 이 날은 바울과 오네시모가 헤어져야 하는 이별의 날입니다. 골로새로부터 온 골로새 교회의 일꾼인 두기고라는 사람이 로마에 있는 바울을 방문하고 돌아가는 길이었습니다. 바울은 두기고 편에 오네시모를 함께 딸려서 그의 옛주인인 빌레몬에게 돌려 보내기로 결심한 것입니다.

골로새서 4장 7절에서 9절까지의 말씀을 보겠습니다.

"두기고가 내 사정을 다 너희에게 알게 하리니 그는 사랑을 받는 형제요 신실한 일꾼이요 주 안에서 함께 된 종이라 내가 저를 특별히 너희에게 보낸 것은 너희로 우리 사정을 알게 하고 너희 마음을 위로하게 하려 함이라 신실하고 사랑을 받는 형제 오네시모를 함께 보내노니 그는 너희에게서 온 사람이라 저희가 여기 일을 다 너희에게 알게 하리라."

바울은 언제까지나 오네시모를 자기 곁에 두고 함께 일하고 싶은 마음이 있었습니다.

본문 13절을 보겠습니다.

"저를 내게 머물러 두어 내 복음을 위하여 갇힌 중에서 네 대신 나를 섬기게 하고자 하나."

그러나 오네시모의 장래를 두고 생각할 때에 아직 오네시모에게는 바로 잡지 못한 과거가 있었읍니다. 물론 그는 그리스도를 믿기로 결심했을 때에 주인의 돈을 훔치고 달아난 죄를 회개하였을 것입니다. 그러나 이 회개가 합당한 열매를 맺기 위해서는, 그리고 앞으로 오네시모가 하나님이 쓰실 수 있는 사람이 되기 위해서는 과거를 바로잡는 보상이 필요하다는 것을 바울은 알고 있었읍니다. 이 사실은 오네시모 자신도 잘 알고 있었던 것입니다.

물론 이 일은 말처럼 쉬운 일만은 아닙니다. 그 당시의 풍속대로 하자면 도망친 노예들이 주인에게 붙잡히게 되면 주인에게 맞아 죽는 일이 흔했읍니다. 혹은 불구의 몸이 되기도 하고 혹은 야생동물의 밥이 되기도 하였읍니다. 그러나 오네시모는 어떤 대가를 치르고서라도 불명예스러운 과거를 바로잡아 하나님과 사람 앞에 회개의 열매를 간증하고 싶었을 것입니다. 그래서 그는 옛주인에게 돌아가기로 결심하고 이 눈물어린 결단을 내렸읍니다.

바울은 믿음의 아들 오네시모를 위해서 두기고 편에 오네시모의 옛주인이요, 바울의 복음의 동역자인 빌레몬에게 말할 수 없이 부드럽고, 간절하고, 눈물겨운 호소를 담은 서신을 보냅니다. 이 편지가 바로 빌레몬서입니다.

루터는 이 책을 가리켜 "기독교의 사랑의 진수가 담긴 책이다"라고 말하였읍니다. 칼빈은 "그리스도인의 겸손이 꽃처럼 피어 있는 책이다"라고 증언합니다. 성경 원문에 보면 모두 334단어로 된 짤막한 편지입니다. 이 편지는 불과 25절밖에 되지 않습니다. 그리고 1장밖에 되지 않은 서신입니다.

그러나 이 짤막한 서신 속에 실로 바울 신학의 바탕을 이루

는 구속의 도리가 담겨 있읍니다. 그리고 그리스도인들의 참
된 윤리적인 삶은 어떠해야 하는지를 보여 주는 그리스도인의
윤리적 결단에 대한 교훈이 함축되어 있읍니다. 이 서신에는
일개 노예를 구출하기 위한 정성과 사랑의 간구가 담겨 있읍
니다.

 빌레몬과 오네시모의 중간에 서서 화해를 중재하고 있는 바
울의 모습을 보십시오. 이는 다름아닌 하나님과 인간 사이에
서 화해의 십자가를 지신 우리 구주 예수 그리스도를 연상케
하는 데 충분합니다.

바울의 문안
(1 ～ 7절)

I. 인사 (1～3절)

1절에서 3절까지는 바울의 문안 인사입니다. 1절에서 7절
까지의 본문이 바로 이 편지의 서론 부분을 형성합니다.

1절에서 바울은 자신을 "그리스도 예수를 위하여 갇힌 자"
라고 스스로를 소개합니다. 바울 서신의 서두는 보통 이렇게
시작하는 것이 상례입니다.
"예수 그리스도의 사도로 부르심을 입은 나 바울은."
그런데 빌레몬서에서는 "그리스도 예수의 사도인 나 바울은"
이라는 말로 시작되지 않습니다. 본문은 "예수를 위하여 갇힌
자 된"이라는 말로 시작합니다. 즉 "복음을 전하다가 로마의
감옥에 갇힌 자 된 나 바울이 당신 빌레몬에게 편지를 씁니다"
라고 바울은 말합니다. 그는 개인적 성격을 띤 이 개인적 서
신에서 굳이 권위를 내세우려고 하지 않습니다. 그는 고난을
남용하는 사람이 아니었읍니다. 그러나 그는 자기에 대하여
"사도"보다도 더 영광스러운 표현을 했읍니다.

"예수를 위하여 갇힌 자 된 나 바울은."
이것은 "사도"라는 명칭보다도 훨씬 더 영광스러운 표현이었
읍니다.
　"주님을 위해서 복음을 전하고 주님을 위해서 일하다가 죄
수가 되어 갇힌 자 된 나 바울은"이라고 바울은 종종 자기 자
신을 소개합니다. 에베소서 3장 1절에도 "그리스도 예수의
일로…갇힌 자 된 나"라고 말합니다. 또 4장 1절에도 "주
안에서 갇힌 내가"라고 말합니다. 바울에게 있어서 그의 옥
중 체험은 결코 수치스러운 것이 아니었읍니다. 왜냐하면 그
리스도 예수의 복음을 위해서 그는 지금 갇혀 있기 때문입니
다.

　그는 이 로마의 옥중에서 디모데와 같이 문안을 띄웁니다.
"그리스도 예수를 위하여 갇힌 자 된 바울과 및 형제 디모데
는."
여러분./ 이 부분에서 흥미있는 사실을 발견하게 됩니다. 바
울이 디모데를 소개할 때마다 보통 "내 믿음의 아들 디모데
는"이라고 말해 왔읍니다. 그런데 여기에서는 "믿음의 아들"
이라고 말하지 않고 "형제 디모데"라고 말합니다.
　바울도 나이가 많아졌읍니다. 그동안 디모데도 믿음이 더욱
성장했읍니다. 더 이상 "내 아들"이라고 말하는 것이 아니라
이제는 "내 형제 디모데"라고 바울은 말합니다.

　그는 빌레몬에게 편지를 씁니다.
"우리의 사랑을 받은 자요 동역자인 빌레몬과"(1절).
이 편지를 받는 수신자는 빌레몬이라는 이름으로부터 시작됩
니다. 빌레몬에게도 바울은 "사랑을 받는 자요 동역자"라고
말합니다. 이것은 바울이 빌레몬을 사랑하고 소중히 여겼다는
것을 증명해 주는 근거가 됩니다. 바울은 그를 동역자라고 부
릅니다.

그 다음 2절에 보면 빌레몬과 함께 여러 사람의 이름이 함께 등장합니다.
"자매 압비아와 및 우리와 함께 군사된 아킵보와 네 집에 있는 교회에게 편지하노니."
압비아는 누구입니까? 그는 아마도 빌레몬의 아내였음이 분명합니다.
군사 아킵보는 누구였을까요? 이는 틀림없이 빌레몬의 아들이었을 것입니다. 복음을 위해서 열심히 일하는 그리스도 예수의 군사다운 사람이었기 때문에 이 아킵보를 가리켜서 바울은 군사 아킵보라고 부르고 있읍니다.

골로새서 4장 16절 이하를 보면 골로새에서 멀지 않은 라오디게아에서 복음을 전하던 전도자가 아킵보였음을 알 수 있읍니다.
"이 편지를 너희에게서 읽은 후에 라오디게아인의 교회에서도 읽게 하고 또 라오디게아로서 오는 편지를 너희도 읽으라 아킵보에게 이르기를 주 안에서 받은 직분을 삼가 이루라고 하라"(16,17절).
이 말씀을 통해서 우리는 아킵보가 복음을 위해서 열심히 일하고 있는 전도자였음을 알게 됩니다.
그런데 이 빌레몬서에서는 아킵보를 가리켜서 군사라고 호칭합니다.
즉 그리스도 예수의 선한 군사 아킵보에게 편지한다고 바울은 말합니다.
여러분, 주님을 위한 군사의 칭호를 받은 사람은 얼마나 영광스러울까요?
다시 말하면 이 편지는 빌레몬의 집안 식구들에게 띄워진 서신인 것입니다.

그 다음에 바울은 "네 집에 있는 교회에게 편지하노니"라고 말합니다. 이 말씀을 통해서 골로새 교회의 예배는 빌레몬이라는 사람의 집에서 드려졌던 것을 알 수가 있습니다.

초대 교회들은 가정을 중심으로 모였읍니다. 그들에게는 크고 화려한 건물이 없었읍니다. 그러나 그들의 성도간의 교제로 가족적인 우애와 사랑이 피부에서 피부로 전달되었읍니다.

예루살렘에는 마가의 집이 있었읍니다.

빌립보에는 루디아의 집이 있었읍니다.

에베소에는 아불라쿠브의 집이 있었읍니다.

라오디게아는 눔바의 집이 있었읍니다.

초대 그리스도인들은 그들이 예수 그리스도를 받아들였을 때 자기의 집을 예배의 처소로 내놓을 만큼 하나님 앞에 헌신적이었읍니다. 그들은 건물이 없이도 이 작은 집을 통해서 뜨거운 사랑을 불태우며 세계를 복음으로 정복하려는 꿈과 열망을 다지고 있었읍니다.

이렇듯 복음을 위해서 자기의 집을 개방했던 일 세기의 헌신적인 그리스도인 중의 한 사람이 빌레몬이었읍니다. 그의 집은 골로새 성도들의 신앙의 요람지였읍니다.

빌레몬이라는 사람은 어떤 사람이었읍니까? 우리가 알 수 있는 한 가지 정보는 그가 부자였다는 사실입니다.

어떻게 알 수 있을까요? 우선 그는 종을 두고 있었읍니다. 또한 그의 집을 예배의 처소로 제공할 때에 그 집은 다른 집보다 넓어서 예배를 드리기에 좋은 공간이었을 것입니다.

그가 부자였다는 사실보다 더 중요한 것은 그가 신앙의 사람이었다는 사실입니다. 그가 어떻게 신앙을 갖게 되었는지는 확실히 알 수 없지만, 바울을 통해서 전도를 받았을 가능성이 짙습니다.

본문의 19절을 보겠읍니다.

"나 바울이 친필로 쓰노니 내가 갚으려니와 너는 이 외에 네 자신으로 내게 빚진 것을 내가 말하지 아니하노라."

이 말씀은 이렇게 해석됩니다.
"네가 오네시모에게 받아야 할 돈이 있다면 그것은 내가 갚아
주겠다. 그러나 그 외에 너도 나에게 빚진 것이 있다."

　빌레몬은 바울에게 어떤 빚을 지고 있었겠읍니까? 그것은
아마도 물질은 아니였을 것입니다. 그것은 복음의 빚입니다.
그는 바울을 통해서 전도를 받았기 때문에 바울이 "너는 나에
게 복음에 대한 사랑의 빚을 지고 있지 아니한가"라고　말하
고 있는 것임에 틀림없읍니다. 그렇습니다. 물질로 말하자면
빌레몬이 바울을 도울 입장이었을 것입니다. 그러나 빌레몬은
바울에게 복음의 빚을 지고 있었읍니다.
　사도행전 19장에 보면 바울이 골로새에서 멀지 않은 에베
소에서 3년간 사역했던 행적이 기록되어 있읍니다. 그때　아
마도 에베소에서 멀지 않은 골로새에 살고 있던 이 빌레몬은
에베소까지 찾아와서 바울에게 복음을 듣고 그리스도인으로
회심하였을 가능성이 짙습니다. 골로새서 2장 1절에 보면 바
울이 골로새를 방문한 일은 없다고 기록되어 있읍니다. 그렇
다면 빌레몬 자신이 친히 에베소까지 와서 바울 사도에게 복
음을 듣고 돌아가서 아마도 골로새 교회를 설립한 주동적인
인물이 되었을 것입니다.

　이 빌레몬의 가족은 얼마나 아름다운 가족이었읍니까? 주
님 앞에 사랑받는 주님의 일꾼이었던 빌레몬!
　그의 아내는 본문에서 자매라고 기록되어 있읍니다.　자매
압비아는 주 안에서 거듭난 신실한 성도이며 내조자였읍니다.
　그의 아들은 복음을 위한 군사였읍니다. 예수 그리스도의
복음을 위해서 싸우고 있는 전사였읍니다.
　자기의 집은 교회였읍니다. 그리고 빌레몬 자신은 이 교회
의 지도적 인물이었읍니다.
　얼마나 헌신된 그리스도인의 가정입니까? 얼마나 아름다운

집입니까? 이런 집이 그리워집니다. 이렇게 예수 그리스도의
사랑과 복음이 넘치는 그리스도인들의 집들이 부러워집니다.
내 집을 하나님을 찬양하는 거룩한 찬양의 장소로 내어 줄 수
있는 그리스도인들./ 거기에서 사랑하는 자녀들을 기르고 그
들을 복음을 위해서 수고하는 자들로 성장시킵니다. 뿐만 아
니라 부모 자신도 복음을 위해서 정성을 다해 헌신합니다.
   이 아름다운 그리스도인의 가정./ 초대교회의 이런 헌신된
그리스도인들 때문에 복음은 세계를 향해서 전파되어 나갈 수
가 있었읍니다.

   3절에 보면 바울은 이렇게 편지를 씁니다.
"하나님 우리 아버지와 주 예수 그리스도로 좇아 은혜와 평강
이 너희에게 있을지어다."
본래 "은혜"라는 말은 헬라인들이 인사할 때 쓰는 말입니다.
은혜란 받을 자격이 전혀 없는 사람들이 다른 이들에게 호의
를 입을 때 쓰는 말로, 그들은 "당신도 많은 호의를 입고 인
생을 사십시오."라고 인사하였읍니다.
   "평강"이라는 말은 본래 히브리 사람들의 인사법입니다.
"샬롬 ; 평강이 당신에게 있을지어다"
그런데 바울은 이 헬라와 히브리 사람들이 사용하는 두 가지
유명한 인사법을 동시에 사용했읍니다.
"은혜와 평강이 …"
그리스도 예수 안에서 두 개의 문화가 만나게 된 것을 볼 수
있읍니다. 헬라와 히브리 사람들의 가장 소중한 덕이 만나고
있읍니다.

   기독교적 개념에서 볼 때 이 "은혜"는 가장 소중한 그리스
도인들의 체험을 말합니다. 하나님 앞에서 도무지 구원받을
자격이 없는 우리가 그 하나님의 놀라우신 은혜로 죄사함을
받았읍니다. 그리고 하나님의 자녀가 되었읍니다. 이것이야

말로 은혜가 아닙니까?

"너희가 그 은혜를 인하여 믿음으로 말미암아 구원을 얻었나니 이것이 너희에게서 난 것이 아니요 하나님의 선물이라"(엡 2 : 8).

그리고 이 하나님의 은혜를 체험한 사람들만이 평강의 비밀을 압니다. 바울은 이 인사법을 많이 사용합니다.

그런데 바울은 은혜와 평강이라는 단어의 순서를 한 번도 뒤바꾼 적이 없습니다. 그는 언제나 은혜를 먼저 말합니다. 그리고 그 다음에 평강을 말합니다. 은혜없이는 하나님께서 주시는 평강을 체험할 수가 없습니다. 은혜를 입어야 그 다음에 평강을 소유할 수 있습니다.

마음의 평강을 구하시는 여러분! 먼저 하나님의 은혜를 구하십시오. 나를 향하신 하나님의 깊은 은혜 속에 들어가 주님을 만났을 때에 그 다음에야 내 마음 속에 평강의 강이 흐르기 시작합니다.

그렇습니다. 바울은 이 놀라운 은혜와 평강이 빌레몬에게 있기를 원했읍니다.

Ⅱ. 빌레몬을 위한 바울의 기도(4~7절)

4절부터 7절까지는 빌레몬을 위한 바울의 기도가 기록되고 있읍니다.

"내가 항상 내 하나님께 감사하고 기도할 때에 너를 말함은 주 예수와 및 모든 성도에 대한 네 사랑과 믿음이 있음을 들음이니 이로써 네 믿음의 교제가 우리 가운데 있는 선을 알게 하고 그리스도께 미치도록 역사하느니라 형제여 성도들의 마음이 너로 말미암아 평안함을 얻었으니 내가 너희 사랑으로 많은 기쁨과 위로를 얻었노라."

바울은 기도하면서 빌레몬으로 인하여 하나님께 감사를 드립니다. 그의 기도는 첫째로 하나님을 향한 감사로 시작합니

다. 그 다음 두번째로는 빌레몬을 위해, 즉 남을 위한 중보
의 기도를 시작합니다. 그리고 마지막으로 자기 개인적인 소
원을 말합니다.

여러분./ 여기 기도의 뚜렷한 세 가지 순서를 보십시오.
바울은 그의 기도를 먼저 하나님께 대한 감사함으로 시작합
니다. 그리고 남을 위한 중보 기도를 합니다. 그 다음으로자
기를 위한 기도를 합니다.
이 기도는 오늘의 우리 기도와는 얼마나 다릅니까? 우리는
눈을 감으면 "제게 주시옵소서"라는 기도부터 합니다.
그러나 바울의 기도는 먼저 하나님께 감사했읍니다. 그리고
남을 위해서 기도했읍니다. 마지막에는 스스로를 위해서 기도
하고 있는 모습을 볼 수가 있읍니다.
이 세상의 문법에서 1인칭은 무엇입니까? "나"입니다. 2인
칭은 "당신"입니다. 3인칭은 "그 사람, 그 여자"입니다.
그러나 성경의 문법은 다릅니다.
성경에서 1인칭은 "하나님"입니다. 그리고 2인칭은 당신
인 "이웃"들입니다. 마지막으로 3인칭이 "나"입니다.

JOY라는 선교단체가 있읍니다. 이 단체의 첫글자인 J는 예
수 (Jesus)의 첫글자입니다. 그 다음에 O는 이웃들 (Others)
입니다. 마지막 Y는 당신 (You)의 첫자입니다.
나를 먼저 앞세우면 모든 것이 불안해집니다. 그러나 주님
이 먼저 오고, 당신이 그 다음에 오고, 내가 끝에 오면 참된
기쁨이 이루어집니다. 이상합니다. 나는 내 이기심의 충족을
위해서 먼저 내 욕심과 내 야망과 내 생각을 앞에 두었읍니다.
그랬더니 내 마음은 전쟁터였읍니다. 내 마음은 수라장이였
읍니다. 하나님이 내 속에 오시고, 하나님이 사랑하시는 이
웃들을 향한 순결한 사랑과 관심이 쏟아지고, 그 다음에 나
를 생각하기 시작했읍니다. 그랬더니 내 마음 속에 넘치는 기

뻠과 평안과 사랑이 있읍니다.

4절 이하에서 바울은 "내가 항상 내 하나님께 감사하고 기도할 때에 너를 말함은"이라고 말합니다.
그는 항상 감사하는 생활을 했읍니다.
"항상 기뻐하라 쉬지 말고 기도하라 범사에 감사하라."
그는 문자 그대로 이 말씀대로 살아가고 있었읍니다. 성도의 최대의 사랑은 "위해서" 기도해 주는 것입니다. 내가 내 가족과 이웃에 대해서 할 수 있는 최대의 일은 위해서 기도하는 것입니다. 당신이 저를 위해서 해줄 수 있는 가장 커다란 것은 기도입니다. 기도만이 당신께서 저를 위해서 할 수 있는 가장 귀한 일인 것입니다. 우리가 가족을 위해서, 이웃을 위해서 할 수 있는 최대의 도움은 그를 "위해서" 기도해 주는 것입니다.

당신이 싫어하는 사람을 위해서도 기도하십시오. 기도하면 싫어지지 않습니다. 기도하면 사랑하기 시작합니다. 당신이 미워하는 사람을 가만히 생각해 보십시오. 당신은 그 사람을 위해서 틀림없이 기도하지 않을 것입니다. 그러나 기도하기 시작하면, 사랑의 혁명이 일어나기 시작합니다.

마음에 부담이 되어서 괴로운 사람이 있으십니까? 그렇다면 엎드려서 기도할 때마다 이름을 부르며 기도하십시오. 그러면 내 속에 사랑의 생수가 흐르기 시작합니다.

바울은 빌레몬을 생각하면서 두 가지를 특별히 감사했읍니다.
5절을 보겠읍니다.
"주 예수와 및 모든 성도에 대한 네 사랑과 믿음이 있음을 들음이니."
바울은 말합니다.
"빌레몬이여, 네게 사랑이 있고 네게 믿음이 있다는 사실 때문에 나는 하나님 앞에 감사하노라."

그리스도인들의 최대의 재산은 **사랑**과 **믿음**입니다. 여기에서 믿음이라는 것은 막연한 믿음이 아닙니다. 그것은 주 예수 그리스도 안에서의 믿음이라고 바울은 말합니다. 사랑도 막연한 사랑이 아니라 성도를 향한 사랑을 이야기하고 있읍니다.

믿음이 천국의 문을 여는 열쇠라면 사랑은 천국의 헌장입니다. 믿음이 신앙 생활의 알파라면 사랑은 신앙 생활의 오메가입니다.

믿음으로 시작해서 사랑을 향해서 올라가는 여정./ 그것이 우리의 신앙의 삶이기 때문입니다.

우리가 잘 아는 베드로후서 1장 5절 이하의 말씀을 보겠읍니다.

"이러므로 너희가 더욱 힘써 너희 믿음에 덕을 덕에 지식을 지식에 절제를 절제에 인내를 인내에 경건을 경건에 형제 우애를 형제 우애에 사랑을 공급하라"(5∼7절).

이 말씀은 믿음으로 시작해서 덕, 지식, 절제, 인내, 경건, 형제 우애, 마지막으로 사랑으로 끝납니다. 주님에 대한 믿음에서 시작해서 사랑이라는 큰 교훈을 배우기 위해서 올라가는 삶./ 그것이 우리 신앙 생활의 전부입니다.

시작은 믿음입니다. 끝은 사랑입니다. 믿음으로 구원받아 하나님을 아버지로 모시게 되었읍니다. 그 다음은 같은 믿음으로 구원받은 다른 형제들을 사랑하기 시작합니다. 그리고 우리는 평생 동안 계속되는 그 사랑의 삶 속으로 들어갑니다.

본문 6절을 보겠읍니다.

"이로써 네 믿음의 교제가 우리 가운데 있는 선을 알게 하고 그리스도께 미치도록 역사하느니라."

바울은 빌레몬의 믿음과 사랑을 칭찬하면서, 네가 가지고 있는 믿음과 사랑이라는 선을 구체적으로 입증하도록 격려하고 있는 것을 볼 수가 있읍니다.

"빌레몬이여, 네게 믿음이 있느냐. 빌레몬이여, 네게 사랑이 있느냐. 그렇다면 이번 기회에 한번 증명해 보였으면 좋겠다. 내가, 네 재산을 축내고 네 가슴에 상처를 내고 도망한 오네시모를 네게 돌려 보내니 그를 영접함으로 네 믿음과 네 사랑을 구체적으로 증명하는 계기가 되기를 바란다."

우리는 바울이 칭찬한 빌레몬의 믿음과 사랑을 배우고 싶습니다. 본론 부분에서 우리는 바울이 빌레몬으로 하여금 오네시모를 향해서 어떻게 그 사랑을 입증하도록 권면하는지를 살펴볼 것입니다. 그러나 그 전에 우리는 이 빌레몬서의 서론을 통해서 바울이 칭찬했던 빌레몬의 믿음, 빌레몬의 사랑을 배우고 싶습니다. 그가 지닌 최대의 재산은 믿음과 사랑이었읍니다. 그리스도인이 가진 가장 놀라운 재산은 믿음과 사랑입니다.

묻습니다. 오늘 여러분에게는 믿음이 있읍니까? 믿음은 추상명사가 아닙니다. 믿음은 고정된 재산도 아닙니다. 믿음은 자라는 것입니다. 그래서 예수님의 제자들은 주님 앞에 나와서 "주여, 제게 믿음을 더하소서"라고 기도한 것입니다.

묻습니다. 당신의 믿음은 자라고 있읍니까? 그리고 사랑은 어떻습니다. 그리스도 예수 안에 있는 형제들을 향한 구체적인 사랑이 입증되고 있읍니까?

주께서 말씀하십니다.

"새 계명을 너희에게 주노니 서로 사랑하라 내가 너희를 사랑한 것 같이 너희도 서로 사랑하라 너희가 서로 사랑하면 이로써 모든 사람이 너희가 내 제자인 줄을 알리라."

사랑은 그리스도인들의 제자도를 시험하는 시금석입니다. 나와 같이 그리스도를 믿는, 그러나 부담스러웠던 형제, 그리스도인이면서도 내 마음 속에 큰 부담을 주었던 이웃들을 내가 사랑할 수가 있겠읍니까? 여기에 우리 그리스도인들의 제자도에 대한 시험(test)이 있읍니다.

빌레몬의 사랑은 이제부터 시험을 받습니다. 자기의 재산을 축낸, 그리고 노예로서 자기에게 말할 수 없는 상처를 입혔던 이 오네시모를 그가 어떻게 받아들일 수 있다는 말입니까?

바울의 호소
(8∼19절)

이 부분은 빌레몬서의 본론을 형성하는 부분입니다. 이 본론 부분을 다시 두 부분으로 나눈다면, 8절부터 14절까지는 바울이 오네시모를 그의 옛주인인 빌레몬에게 돌려 보내겠다는 선언이 기록되어 있고, 15절부터 19절까지는 오네시모를 돌려 보내면서 그를 위한 부탁의 말을 빌레몬에게 하고 있는 장면입니다.

Ⅰ. 오네시모를 돌려 보내겠다는 바울의 선언 (8∼14절)

먼저 8절부터 14절까지는 바울의 간곡한 호소가 기록되어 있읍니다.

① 사랑으로 말미암은 간구(8∼10절)
"이러므로 내가 그리스도 안에서 많은 담력을 가지고 네게 마땅한 일로 명할 수 있으나"(8절).

여기에서 우리는 사도적 권위를 사용할 수 있지만 이 권위를 사용하지 않고 사랑으로 호소하고 있는 바울의 모습을 대하게 됩니다. "많은 담력을 가지고 네게 마땅한 일로" 당연히 명령할 수도 있지만 바울은 그렇게 하지 않고 사랑으로 호소한다고 말합니다. 다시 말하면 바울은 그의 사도적 권한으로 명령하는 대신에 빌레몬에게 사랑의 호소를 띄우고 있는 것입니다.

그리스도의 참 사랑이 있는 곳에서 "내가 명령하노니"라는 말은 필요가 없읍니다. 대신 "내가 명령하노니"라는 말은 "내가 간구하노니"라는 말로 변해야 마땅합니다.

바울은 사랑의 힘이 명령의 힘보다 강한 것을 알고 있었읍니다. 바울은 빌레몬을 신앙의 길로 인도한 스승입니다. 또 지금 그가 부탁하려는 일인, 오네시모를 받아달라는 것도 그리스도인으로서는 지극히 당연한 도덕적인 요청이었읍니다. 그러므로 바울은 그의 사도적 권위로 확신있게 명령할 수 있는 위치에 있었읍니다. 그러나 그는 명령적인 방법보다도 차라리 사랑으로 간구하는 방법을 선택합니다.

한 유명한 설교가는 "올바른 말을 하는 것도 중요하지만 사랑으로 말하는 것은 더 중요하다"라고 말했읍니다. 생각해 보십시오. 올바른 말을 하는 것도 중요하지만 사랑으로 말을 하는 것은 더 중요합니다.

아마도 현대 교회의 문제는 올바른 소리가 없어서가 아니라 사랑에서 우러나오는 소리가 없기 때문에 일어나는 문제일 것입니다. 한번 교인들이 다투기 시작하면 신앙이 없는 사람보다 더 난처한 지경에 봉착하게 됩니다. 왜냐하면 쌍방이 다 정의의 깃발 아래서 싸우게 되기 때문입니다. 틀린 사람이 없읍니다. 다 맞습니다. 그러나 올바른 소리만으로는 그러한 문제를 해결할 수가 없읍니다. 그 올바른 소리보다 중요한 것은 우리가 참사랑으로 말할 수 있느냐는 것입니다.

우리는 바울의 사랑의 멧세지인 이 사랑의 간구에서 깊이 배워야 할 필요가 있읍니다. 그는 권위주의적인 사람도 아니 었고, 율법주의적인 방법으로 사람들을 억압하고 누름으로 목적을 성취하려는 방법을 선택하지도 않았읍니다. 그는 인정어린 사랑의 호소를 던지고 있읍니다.

9절을 보겠읍니다.
"사랑을 인하여 도리어 간구하노니 나이많은 나 바울은 지금 또 예수 그리스도를 위하여 갇힌 자 되어."
바울은 "나이많은 나 바울은"이라고 말합니다. 이때 바울의 나이는 약 55세 전후였을 것이라고 생각됩니다. 옛날에는 55세 정도 되면 나이가 많은 것으로 생각되었읍니다.
바울의 이 부탁은 주님을 위하여 주님 때문에 고난을 당하고 있는 사람의 호소임을 상기시켜 주려고 하는 것입니다.
이 9절의 말씀을 제가 하는 말로 바꾸어 보겠읍니다.
"다시 말씀드립니다. 주님을 위하여 고생하며 복음을 전하다가 감옥에 들어와 호소하는 이 늙은이의 부탁을 좀 들어 주시오."
도망친 한 노예, 그러나 예수 믿고 변화된 한 노예 오네시모를 위한, 이 간곡하고 눈물겨운 겸손한 바울의 호소 속에서 우리는 사도 바울의 뜨거운 사랑에 접하게 됩니다.

도대체 바울이 이 노예와 어떤 상관이 있냐는 말입니까?
10절을 보겠읍니다.
"갇힌 중에서 낳은 아들 오네시모를 위하여 네게 간구하노라."
이 말씀에서 "갇힌 중에서 낳은 아들"이라고 부르는 이유는 옥중에서 전도한 신앙의 아들이었기 때문입니다.
바울은 로마의 감옥에 갇혀 있었읍니다. 그때 만나게 되어 복음을 전하고 그리스도 앞으로 돌아온 사람이 오네시모였읍니다. 다시 말하면 갇힌 중에서 믿음으로 낳은 아들이나 마찬가지였읍니다. 그러므로 이 호소는 영적인 아버지 바울이 영적인 아들 오네시모를 위해서 간구하는 부정(父情)의 호소라고 할 수가 있읍니다.

우리는 이 말씀에서 또 한 가지 기억해야 할 사실이 있읍니다. 그것은 바울의 전도가 책임 있는 전도였다는 것입니다.

현대의 한 유명한 전도학자는 이렇게 말합니다.

"20세기의 현대 교회가 크게 반성해야 할 것은 책임 없는 전도를 너무 많이 하고 있다는 것이다."

전도하는 사람도 드물지만, 전도한다고 할지라도 우리는 너무 책임없이 전도하고 있다는 사실입니다.

우리 한국 교회는 빌리그레함 전도대회 때 100만 명이나 모였다고 자랑을 합니다. 또 세계복음화 대회 때는 200만 명이나 모였다고 자랑을 합니다.

세계복음화 대회 첫날 저녁에는 저도 통역을 했읍니다. 그때 수많은 인파가 모였지만 제가 강대상에서 볼 때에는 그 많은 사람들이 하나도 보이지 않았읍니다. 보이지 않으므로 제 마음이 차라리 담담했읍니다. 그런데 제 마음 속에 한 가지 회의가 생겼읍니다. 그것은 개인적으로 그 말씀이 사람들의 마음 속에 얼마나 들어가고 있는지 확인할 방법이 없었다는 것입니다. 한편 생각하면 그런 전도 방법이 기독교의 붐을 일으키는 데 도움이 되기도 하였지만, 또 한편 생각하면 너무도 비인격적이 아닌가 하는 생각이 있었읍니다.

대회가 끝날 때 많은 사람들이 손을 들어 예수를 믿겠다고 결심했읍니다. 그러나 그 많은 사람들이 지금 어디에 있읍니까? 무엇을 하고 있읍니까? 그들이 누구입니까? 그 반응을 보인 후에 그들의 신앙은 성장하고 있읍니까? 도무지 알 길이 없읍니다.

우리가 때때로 어느 사람을 만나 "예수 믿으십시오"라는 말로 전도합니다. 그리고 그냥 지나쳐 버립니다.

그런데 성경에서 볼 수 있는 초대교회의 전도 방법은 그렇지 않았습니다. 만나서 전도하고, 기도하고, 그 사람이 결심해서 믿게 되면 끊임없이 그 영혼을 돌봅니다. 그래서 그의 믿음이 장성할 때까지, 그가 그리스도 안에서 신앙이 견고해지고 성숙할 때까지 계속적으로 돌보고 있는 과정을 볼 수가 있습니다.

만일 우리가 어떤 사람에게 전도할 때에 "예수 믿으십시오"라고 말을 했다고 합시다. 아니 한 번 교회에 데리고 나왔습니다. 말씀을 듣고 그 사람이 믿겠다고 했습니다. 그런데 그 다음에 우리는 그 사람이 잘 믿겠지 하고 그대로 방치해 둡니다.

이것은 마치 어떤 어머니가 자기 자식을 낳은 다음에 혼자 잘 자라겠지 하고 그대로 방치해 버리는 비정한 어머니의 모습과 다를 것이 없습니다. 어린아이를 낳은 어머니는 어린아이를 양육할 책임이 있습니다.

양육을 동반하지 않는 전도, 육성을 동반하지 않는 전도, 다시 말하면 끝까지 그 영혼의 신앙을 돌보지 않는 전도가 바로 책임 없는 전도입니다.

우리는 책임 있는 전도를 해야겠습니다. 전도를 했으면 그 사람의 신앙이 성장하여 그 믿음이 스스로 굳건히 설 때까지 계속 돌보는 것이 책임 있는 전도인 것입니다.

바울은 여러 군데를 다니면서 전도했습니다. 그러나 한 군데에서 전도를 하고 떠난 다음에 그는 자기가 전도한 사람들을 잊어버린 것이 아닙니다. 바울은 그들에게 편지를 씁니다. 그 편지가 바로 바울 서신이 된 것입니다. 또 자기가 갈 수 없으면 누군가를 대신 보내어 그 사람의 신앙을 끝까지 돌봅니다. 그들이 장성하여 또 다른 사람을 전도하는 증인의 자리에 설 때까지 그 믿음의 상태를 돌보는 전도! 이것이 바로 책임 있는 선교입니다.

육신의 자녀에 대하여 부모가 느끼는 책임감보다 조금도 덜하지 않는 관심과 애정으로 그가 전도한 영혼들을 바울은 돌보았던 것입니다.

바울은 고린도 교회 성도들에게 고린도전서 4장 15절에서 기록하기를 "복음으로 내가 너희를 낳았다"고 말합니다. 고린도 교회는 바울이 전도하여 스스로 설립한 교회였습니다.

당신이 전도한 사람이 있으십니까? 당신에게 전도를 받아서 그 사람이 성령으로 거듭났다면, 그래서 하나님의 자녀가 되었다면, 당신은 영적으로 그를 낳은 것이나 마찬가지입니다.

묻습니다. 당신은 영적 자녀를 몇이나 두었읍니까? 이름을 적어 보십시오. 하나도 없읍니까? 결혼 생활을 한 지 몇 년이나 지났는데 하나도 낳지 못하셨읍니까? 불임증에 걸리셨군요. 질병이 있는 사람은 아이를 낳지 못합니다. 마찬가지로 내 신앙에 질병이 있으면 영적인 자녀를 낳지 못할 것입니다.

내 전도를 통해서 예수를 구주로 영접한 사람이 또 다른 사람에게 전도를 해서 그 사람이 예수를 믿게 되면 그 마지막 사람은 나의 영적인 손자가 됩니다. 당신의 영적인 손자들은 얼마나 됩니까? 그들의 이름을 아십니까? 그들을 위해서 기도하십니까?

바울은 갈라디아 교회 성도들에게 고백하기를 "내가 너희를 위하여 해산하는 수고를 한다"라고 갈라디아서 4장 19절에서 말합니다. 다시 말하면 한 영혼을 돌보는 일이 마치 해산하는 수고와 같다는 말입니다. 해산하는 부인들을 보면 얼마나 고생이 많은지요? 고통을 당하는 이들은 큰 아픔과 말할 수 없는 고생을 합니다. 그런데 바울은 자기가 해산하는 수고를 하고 있다고 말합니다. 한 영혼을 돌보는 일을 바울은 해산하는 수고와 비교하고 있읍니다.

데살로니가전서 2장 7절을 보겠읍니다.

"오직 우리가 너희 가운데서 유순한 자 되어 유모가 자기 자녀를 기름과 같이 하였으니."

바울은 데살로니가에 오래 머물지 않았읍니다. 불과 3개월 동안 머물면서 데살로니가 지방에서 전도했읍니다. 그리고 그의 전도를 받은 사람들의 신앙을 양육하면서 바울은 "유모가 자기 자녀를 기름과 같이" 하였다고 고백합니다.

그 다음 8절의 말씀을 보십시오.

"우리가 이같이 너희를 사모하여 하나님의 복음으로만 아니라 우리 목숨까지 너희에게 주기를 즐거함은 너희가 우리의 사랑하는 자 됨이니라."

바울은 목숨까지 주기를 원했읍니다. 이것이 그가 전도한 사람에 대하여 가진 심정과 태도입니다.

계속되는 11절의 말씀을 보십시오.

"너희도 아는 바와 같이 우리가 너희 각 사람에게 아비가 자기 자녀에게 하듯 권면하고 위로하고 경계하노니."

유모가 자기 자녀에게 하듯 하면 그 아이는 버릇이 나빠질 수가 있읍니다. 유모는 야단을 치지 않습니다. 진정한 사랑은 충고와 책망도 포함합니다. 내가 전도한 사람의 신앙이 잘못되려고 할 때 야단도 치고, 책망도 하는 것이 사랑입니다. 진정한 사랑은 책망을 수반합니다. 그래서 바울은 "아비가 자기 자녀에게 하듯 권면하고 위로하고 경계하노니"라고 말하는 것입니다.

바로 이것이 내가 전도한 사람에게 가져야 할 우리의 태도입니다. 어머니가 자식에게 하듯, 또 아버지가 자기 자녀에게 하듯 그렇게 돌보는 일 말입니다.

당신은 어떻습니까? 자신이 복음을 전한 사람을 그러한 심정으로 돌보고 있으십니까?

바울에게는 그런 신앙의 아들들이 많이 있었읍니다. 바울이 결혼을 했는지 안 했는지는 잘 알 수 없읍니다. 그러나 그가 독신으로 살았던 것만은 사실입니다. 하지만 바울에게는 믿음의 자녀가 많았읍니다. 대표적인 사람들이 누구입니까? 디모데와 디도서에 나오는 디도, 그리고 로마의 감옥에서 낳은 아들 오네시모가 있읍니다.

그런데 여러분에게 한 가지 묻겠읍니다. 당신이 고생스러울 때 낳은 자식이 잊혀지지 않습니까? 아니면 편안할 때 낳은 자식이 더 잊혀지지 않습니까? 고생할 때 낳은 자식이 더욱 추억에 남아 있지 않습니까? 바울은 그런 이유로 오네시모를 가리켜서 "옥중에서 낳은 아들"이라고 말합니다. 오네시모는 바울의 막내 아들이라고도 말할 수가 있읍니다. 바울이 세상을 떠나갈 날이 이제 얼마 남지 않았읍니다. 그럴 때 막내에게는 더욱 사랑이 갑니다. 바울은 육신의 자식들보다는 어떤 의미에서 영적인 자식들을 더 사랑했읍니다. 왜 그렇게 더 사랑했을까요? 바울의 답변을 들어 보겠읍니다.

데살로니가전서 2장 19절을 보겠읍니다.
"우리의 소망이나 기쁨이나 자랑의 면류관이 무엇이냐 그의 강림하실 때 우리 주 예수 앞에 너희가 아니냐."
데살로니가전서 2장은 위대한 양육의 장입니다.

여러분은 면류관이 어떻게 생겼다고 생각하십니까? 바울은 물질적인 면류관을 말하지 않습니다. 여기에서 말하는 면류관은 믿음의 자녀들을 뜻합니다. 이 믿음의 자녀들은 바울이 전도한 데살로니가 교회의 성도들입니다.

우리가 천국에 갔을 때를 상상해 봅시다. 그곳에서 주님을 만났읍니다. 주님을 만났을 뿐만 아니라 천국에서 내가 전도한 사람을 만났읍니다. 그때 당신의 심정은 어떻겠읍니까? "주님, 저 사람이 바로 제가 전도한 사람입니다"라고 말할 것입니다.

그렇습니다. 그 사람이 바로 내 자랑의 면류관, 내 기쁨의 면류관, 내 소망의 면류관인 것입니다. 면류관은 바로 내가 전도한 사람들입니다. 우리는 면류관을 물질적인 개념으로만 생각해서는 안 됩니다. 금에 미친 사람들은 금면류관이라는 말을 들을 때, 금으로 만든 관을 받는 것으로 생각할지 모르겠읍니다. 그러나 주님이 말씀하신 면류관은 근본적으로 사람을 가리키는 것입니다. 주님의 가장 깊은 관심은 사람에게 있읍니다. 내가 전도한 사람이 천국에 와 있을 때 나는 얼마나 기쁘겠읍니까? "당신은 나의 면류관이요"라고 그 사람을 붙잡고 이야기할 수 있을 것입니다.

바울은 그런 이유 때문에 그렇게 오네시모를 아끼는 것입니다. 그것이 바로 바울이 오네시모라는 한 사람을 향해서 사랑을 쏟아 붓고 있는 사랑의 고백인 것입니다.

② 유익한 자 된 오네시모 (11~14절)

다시 빌레몬서로 돌아 오겠읍니다. 11절에서 14절까지는 바울이 오네시모를 돌려 보내기로 작정하면서 오네시모가 새 사람이 되었다는 사실을 이야기합니다.

11절을 보겠읍니다.

"저가 전에는 네게 무익하였으나 이제는 나와 네게 유익하므로."

이 말은 참으로 흥미있는 뜻을 갖고 있읍니다. 오네시모라는 말의 뜻은 "유익하다"는 뜻입니다. 이 유익하다는 뜻을 가지고 있는 오네시모가 전에는 무익하였다고 바울은 말합니다. 이 말을 달리 읽는다면 "유익이 무익하였으나"라고 할 수 있읍니다. 이름은 유익하지만 실제로는 무익한 사람 오네시모는 이름 값을 하지 못한 사람이었읍니다.

당신은 부모님이 당신에게 얼마나 놀라운 기대를 가지고 당신의 이름을 지어 주셨는지 생각해 보셨읍니까? 제 이름도 東元이라는 뜻에는 "동쪽에서 가장 잘난 사람"이라는 부모님의 기대가 담겨 있읍니다. 저는 제 이름을 쓰고 부를 때마다 이름 값을 하지 못하고 살고 있는 사람이라는 생각을 해봅니다.

오네시모도 마찬가지입니다.

"전에는 네게 무익하였으나 이제는 나와 네게 유익함으로."

이 말을 "오네시모"라는 이름의 뜻을 담아서 읽는다면 이런 뜻이 됩니다.

"전에는 이름은 유익이었지만 실제로는 무익하였으나, 이제는 나와 네게 그 이름의 뜻대로 유익한 존재가 되었기 때문에(오네시모가 진짜 오네시모가 되었기 때문에) 저를 돌려 보냅니다."

여러분, 우리가 그리스도를 진정으로 만났을 때 비로소 우리는 유익한 존재가 됩니다. 우리는 모두 주님을 만나지 못했을 때는 무익했었읍니다. 그러나 주님을 만나고 나서 우리는 하나님 나라의 유익한 존재, 주님이 쓰시기에 합당한 존재, 주님 앞에 "오네시모"(유익한 자)가 되었읍니다. 우리는 다 주님의 "오네시모"(유익한 자)가 되어야 합니다.

당신은 어떻습니까? 정말 주님 보시기에 유익한 존재입니까? 하나님 나라의 필요한 존재입니까? 분명히 그렇다고 믿으십니까?

오네시모는 참으로 유익한 사람이 되었읍니다. 바울을 만나 복음을 듣고 예수를 믿고 변화되어 그는 이름값을 하는 사람이 되었읍니다. 전에는 주인의 돈을 훔쳐 달아남으로 주인의 가슴에 상처를 입힌 자였읍니다. 하나님의 일에는 상관이 없는 자였읍니다. 그러나 그는 이제 바울에게 충성스러운 복음의 협조자가 되었읍니다. 또 자기의 옛주인인 빌레몬을 향해서도 새로운 마음으로 복종하려는 진실한 종이 되었읍니다. 그는 무엇보다도 하나님 앞에 쓰임받는 인간이 되었읍니다.

우리는 회개한 사람의 참모습을 여기에서 발견할 수가 있읍니다. 이런 열매가 없다면 이런 변화가 없다면 우리의 회개는 한번쯤 의심되어야 할 것입니다.

성경은 아니지만 그 비슷한 책 중에 『도마 복음서』라는 책이 있읍니다.

이 책에 이런 이야기가 기록되어 있읍니다.

"회개란 무엇이냐? 그것은 동쪽이 서쪽이 되고, 서쪽이 동쪽이 되고, 남쪽이 북쪽이 되고, 북쪽이 남쪽이 되는 것이다." 이 말은 진정한 회개는 "온전한 돌아섬"을 뜻함을 가르쳐 주는 말입니다. 완전한 돌아섬 / 그것이 바로 진정한 회개입니다. 주님을 향하여 그의 삶의 방향을 온전히 돌이킨 새 사람 오네시모를 본문에서 우리는 발견하게 됩니다.

그래서 바울은 이렇게 말합니다.

"이제는 이 사람이 유익한 존재가 되었을 뿐 아니라 나의 심복입니다. 복음의 사역을 위해서 함께 일하는 나의 심복이 되었읍니다."

오네시모는 바울의 사랑받는 자가 되었읍니다. 그리고 이제 없어서는 안 될 귀한 존재가 되었읍니다. 그러한 오네시모를 바울은 그의 옛날의 주인이었던 빌레몬에게 다시 돌려 보내기로 결심합니다.

13절을 보겠읍니다.

"저를 내게 머물러 두어 내 복음을 위하여 갇힌 중에서 네 대신 나를 섬기게 하고자 하나."

이 말씀에서 바울은 "내 심성같아서는 오네시모를 내 곁에 두고 싶다. 그리고 복음을 위해서 같이 일했으면 좋겠다"라고 자신의 심정을 토로합니다.

그 다음 14절을 보십시오.

"다만 네 승락이 없이는 내가 아무것도 하기를 원치 아니하노니 이는 너의 선한 일이 억지같이 되지 아니하고 자의로 되게 하려 함이로라."
오네시모의 본래 주인은 빌레몬이었읍니다. 바울은 그런 이유
로 빌레몬의 승락이 없이 아무것도 하기를 원치 않는다고 말
하는 것입니다.

빌레몬이 이렇게 이야기할 수도 있을 것입니다.
"바울 선생님, 그는 본래 제 종이므로 선생께서 그냥 그를 데
리고 쓰십시오. 그리고 복음을 위해서 같이 일하십시오."
그러나 억지로 그렇게 되는 것보다는 "내가 일단 너에게 돌려
보내겠다. 그리고 네가 자의적으로 하는 것이 되게 하고 싶
다"고 바울은 말합니다. 남이 하라고 시켜서 하는 것은 진정
한 봉사로서의 의미가 없읍니다. 바울이 빌레몬에게 이 사람
을 내가 데리고 있겠다고 말해도 빌레몬은 그렇게 하라고 말
할 수밖에 없는 입장에 있었읍니다. 그러나 그렇게 하는 것보
다 네가 자의로 한 것처럼 되기를 원한다고 바울은 말합니다.
사실 바울은 오네시모를 돌려 보내면서 빌레몬이 그를 다시
자기에게로 보내 줄 것을 기대하고 있었는지도 모릅니다.
어찌되었든 바울은 오네시모를 돌려 보냅니다. 그러나 바울
은 그를 혼자 보내지 않읍니다. 서론 부분에서 언급했듯이,
골로새서 4장 7절 이하 9절을 보면, 두기고라는 사람과 함
께 오네시모를 돌려 보냅니다.

도망친 노예는 그 당시에 생사권이 전적으로 주인에게 달려
있었읍니다. 그래서 바울로 하여금 더욱더 간절한 사랑의 부
탁이 필요하게 했던 것입니다. 오네시모로 하여금 과거의 잘
못된 일에 대한 뚜렷한 대가를 원하는 바울의 심정을 보십시
오. 그의 그러한 심정이 이 사건 속에 담겨져 있었다는 사실
은 지적되어야 마땅합니다.
오네시모는 변했읍니다. 새 사람이 되었읍니다. 예수를 믿
었읍니다. 그리고 구원받았읍니다. 그러나 아직 오네시모가

바로 잡아야 할 과거의 관계가 남아 있었읍니다. 그것은 주인에게 피해를 입히고 달아난 점입니다. 그가 참으로 회개했다면 그의 회개의 합당한 열매를 위해서도 그 일이 교정되는 것이 필요합니다. 바로 이것이 바울이 오네시모를 돌려 보내려고 한 목적 중의 하나임을 생각할 수가 있읍니다.

오늘날 우리는 과거의 삶을 바로잡으려는 결단이 없이 입술만으로 회개를 합니다. 이 입술만의 회개를 강조하는 것이야말로 오늘날 교회의 진정한 부흥을 가로막는 암적인 요소임을 어느 현대 설교가는 지적했읍니다. 이것은 생각해 보아야 할 문제입니다.

회개했을 때, 우리는 얼마나 자기의 과거를 바로 잡으려고 노력합니까? 오늘의 그리스도인들은 자기를 둘러싸고 있는 인간 관계나 여러 가지 상황들을 바로잡으려는 구체적인 노력이 없읍니다. 이것이 없는 한 참된 부흥은 일어나지 않습니다.

한 50여년 전에 아프리카 콩고의 웸바라는 마을에 주목할 만한 부흥이 일어났읍니다. 한마을 전체가 다 주님 앞으로 돌아오는 놀라운 변화의 역사가 일어났읍니다. 그런데 그것은 선교사들의 사역 때문도 아니고, 성경공부 때문도 아닙니다. 이 놀라운 부흥은 두 여인과 한 남자 성도의 진실한 회개 때문에 일어났읍니다.

어느 날 성령께서 역사하시기 시작했읍니다. 기도하는 가운데 두 여인의 마음이 성령님께 깊이 붙들리어 자기의 삶을 돌이키기 시작했읍니다. 그 중 한 여인은 이 교회에서 봉사를 많이 하신 분입니다. 우리나라 실정으로 표현하자면 성미라고 할 수 있겠는데, 전에 교회에 바쳐진 쌀을 한 자루 갖다 쓴 것이 왜 그런지 마음에 자꾸만 걸렸읍니다. 그래서 그 여인은 그것을 교회에 가지고 와서 성도들 앞에 고백합니다.

"사실 이 쌀은 교회에서 쓰여져야 할 것인데 제가 썼읍니다. 저를 용서해 주십시오."

그랬더니 또 한 여인이 성도들 앞에 나옵니다. 그리고 이런 고백을 합니다.

"저는 남의 집에서 일을 하고 있는 사람입니다. 그런데 주인 집의 계란 한 개를 주인에게 말하지 않고 가져 온 적이 있었읍니다. 그것을 회개합니다."

이어서 한 남자분이 나옵니다. 그리고 고백을 합니다.

"저는 서점을 하고 있는 사람입니다. 오래 전에 어떤 선교사와 교제를 하면서 선교사의 집에 갔읍니다. 돌아오면서 선교사에게 이야기하지 않고 성경 한 권을 그냥 가지고 나왔읍니다. 내가 그것을 다시 돌려 드리며 회개하기를 원합니다."

자기의 삶을 바로 잡으려는 이 세 사람의 진지한 고백 때문에 이 작은 콩고의 웸바 마을에 하나님의 놀라운 부흥을 가져 왔읍니다. 사람들이 저마다 자기의 삶의 자세를 고치기 시작했읍니다. 그리고 하나님이 그들을 사용하기 시작했읍니다. 그 마을은 놀라움과 충격을 받기 시작했읍니다.

오늘 우리는 예수를 믿지 않는 세상을 향해서 우리의 잘못을 자꾸만 감추려고 합니다. 그러나 그렇게 할 필요가 없읍니다. "이것이 우리의 허물입니다. 우리의 약점입니다"라고 오히려 세상 앞에서 우리의 잘못을 솔직히 회개했을 때 하나님께서 우리에게 부흥을 주실 것입니다. 아마도 이런 목적으로 바울은 오네시모를 돌려 보내기를 열망하고 있었는지 모릅니다.

본문의 13, 14절 말씀을 다시 한번 보겠읍니다.

"저를 내게 머물러 두어 내 복음을 위하여 간힌 중에서 네 대신 나를 섬기게 하고자 하나 다만 네 승락이 없이는 내가 아무것도 하기를 원치 아니하노니 이는 너의 선한 일이 억지같이 되지 아니하고 자의로 되게 하려 함이라."

이 말씀에서 또 하나 살펴볼 것은 오네시모를 돌려 보내는

그것이 당연한 그리스도인의 예절로 바울은 생각했다는 것입
니다. 서로 그리스도인이라는 사실 때문에 때때로 우리는 예
의를 지키지 않을 때가 많이 있습니다. "당연히 할 수 있는
거지"라고 생각합니다. 바울은 당연히 오네시모를 쓸수가 있
었습니다. 사실 빌레몬에게 허락을 받지 않아도 될 만한 상황
이었습니다. 그러나 바울은 철저한 예의를 지키고 있는 것을
볼 수 있습니다.

우리는 때때로 신앙이라는 이름 아래서 그리스도인으로서
마땅히 지켜야 할 예절을 무시할 때가 얼마나 많이 있습니까?
그러나 바울은 그렇지 않았습니다.

또 하나 바울의 봉사의 원칙은 억지가 아니라 자의에 의한
봉사라는 것입니다. 억지로 하는 헌금, 억지로 하는 봉사, 억
지로 하는 전도, 억지로 하는 구제, 그것이 무슨 의미가 있
습니까?
제 개인적인 목회 철학 가운데 하나는, 하기 싫은 사람에게
절대로 교회 일을 맡기지 않는 것입니다. 구걸하지 않습니다.
하라고 말하지도 않습니다. 무슨 의미가 있습니까? 하기 싫
은 봉사를 억지로 하는 것이 무슨 의미가 있습니까? 진정한
봉사는 자의에 의한 것입니다. 나는 스스로 하기를 원하는지
자문해 보십시오. 정말 우러나오는 심정에서 주님을 섬기고
있는지, 하나님의 영광스러운 사역에 동참하기를 내가 스스로
원하는지 말입니다. 이것이 진정한 봉사입니다.

Ⅱ. 빌레몬에게 하는 바울의 부탁 (15~19절)

15절 이하 19절에서 우리는 오네시모를 향한 바울의 간절한
부탁을 볼 수가 있습니다. 이 부탁은 빌레몬에게 오네시모를
위해서 부탁하는 간절한 사랑의 부탁입니다.
"저가 잠시 떠나게 된 것은 이를 인하여 저를 영원히 두게 함

이니 이후로는 종과 같이 아니하고 종에서 뛰어나 곧 사랑받는 형제로 둘 자라"(15, 16절).

15절에서 바울 사도는 하나님의 섭리가 있었다는 사실을 빌레몬에게 설득시킵니다. 빌레몬을 섬기는 자리에서 오네시모가 떠나게 된 것은 이를 인해서 저를 영원히 두게 함이라고 바울은 말합니다.

이 말은 어떤 이야기입니까? 오네시모가 빌레몬의 집에서 도망치기 전에 오네시모와 빌레몬의 관계는 주인과 종의 관계였읍니다. 그 관계는 시간적으로 일시적인 관계에 지나지 않습니다. 오네시모가 죽어버리면 그는 종으로 더 이상 남지 않을 것입니다.

사람들은 지상의 일시적인 관계를 영원한 관계로 고집하려는 무서운 편견이 있읍니다. 그러나 그것은 다 일시적인 것입니다. 그러나 이제 여러분과 제가 그리스도 안에서 함께 하나님을 섬기는 자녀가 되었을 때 우리는 그리스도 안에서 형제가 되었읍니다. 이 관계는 영원한 관계입니다.

도망한 오네시모가 예수를 믿고 다시 돌아왔을 때 오네시모와 빌레몬의 관계는 그리스도 안에서 영원한 형제의 관계가 된 것입니다. 오네시모가 빌레몬의 마음을 아프게 하고 떠났을지 모르지만 거기에 하나님의 엄청난 섭리가 있었다고 바울은 이야기합니다. 옛날 골로새 마을에 같이 거하며 생사고락을 함께 하던 일시적 관계가 아니라, 이제는 그리스도 안에서 영적으로 영원한 관계를 맺게 된 것입니다.

16절을 다시 한번 보겠읍니다.

"이후로는 종과 같이 아니하고 종에서 뛰어나 곧 사랑받는 형제로 둘 자라 내게 특별히 그러하거든 하물며 육신과 주 안에서 상관된 네게랴."

17절을 보겠읍니다.

"그러므로 네가 나를 동무로 알진대 저를 영접하기를 내게 하듯 하고."
이제는 종으로서가 아니라 그리스도 안에서 사랑하는 동무로
그를 영접하라고 바울은 부탁합니다. 이 말씀은 얼마나 흥미
롭습니까? 오네시모와 빌레몬의 관계는 전에 주종 관계였읍
니다.

그런데 참 이상스러운 것이 있읍니다. 주인에게 막대한 피
해를 입히고 도망한 오네시모가 어떻게 로마에서 바울을 만나
게 되었는가 하는 것입니다.
그는 바울에게 복음을 듣고 그리스도인이 되었읍니다. 그리고
이제 다시 주인에게 돌아가는데 종의 신분으로 돌아가는 것이
아닙니다. 그는 옛주인인 빌레몬과 같이 빌레몬이 섬기는 하
나님, 빌레몬이 의지하는 그 주님을 자기도 믿고 섬기는 것입
니다. 그리스도 예수 안에서 같은 신자가 되어 만나는 이 놀
라운 인연! 이것은 하나님의 영광스러운 섭리입니다. 얼마나
놀랍고 아름다운 하나님의 섭리입니까?
이렇게 해서 노예와 주인이라는 그 관계는 변합니다. 그리
스도 안에서 형제라는 영광스런 관계로 말입니다.

그런데 여러분, 여기에서 바울이 이러한 접근 방법을 사용
하지 않았다는 것을 주의해서 보시기 바랍니다.
바울이 사회 문제와 정치적 감각에 민감한 사람이었다면, 이
렇게 말할 수도 있지 않았을까요?
"빌레몬이여, 노예 제도는 사회악이다. 그것을 폐지하는 데
앞장서라. 사람을 붙잡아 두어서는 안 된다. 인간을 억압하고
착취해서는 안 된다. 노예를 해방시켜라."
그러나 바울이 그런 식으로 접근합니까? 아닙니다.
오늘도 소위 사회 복음을 주장하는 사람들이 있읍니다. 그
들은 오늘의 구원을 주장합니다. 그래서 개인의 구원이나 성
경적인 삶보다도 정치적인 기독교를 앞세워 순수한 기독교의

멧세지를 왜곡시키려 하고 있읍니다.

이런 사람들 같으면 바울과 같은 입장에서 어떻게 접근했을 까요?

"빌레몬이여, 오네시모를 해방하라. 노예 제도는 사회악이다" 라고 말했을 것입니다. 그러나 우리는 바울이 전혀 그런 식으로 접근한 흔적을 보지 못합니다.

여기에서 우리는 참된 그리스도인이 사회 문제를 해결하는 데 중요한 성경적인 원칙을 발견하게 됩니다. 이것이 바로 복음적인 그리스도인들이 사회 문제를 해결하는 방법인 것입니다. 그것은 제도의 개혁에 있지 아니하고 인간의 개혁에 있다는 것입니다. 제도의 개혁은 부차적 과제일 뿐입니다.

문제는 제도에 있는 것이 아니라 사람에게 있읍니다. 제도가 아무리 바뀌어도 사람이 변화되지 않을 때 문제는 그대로 남아 있읍니다. 우리가 아무리 교회 제도를 바꾸고 한 국가의 정치 체제를 바꾸어도 그 체제를 잡고 있는 사람이 변화되지 않는 한 인간의 문제는 그대로 남아 있을 수밖에 없읍니다.

민주주의라는 제도는 미국보다도 사실 구라파가 잘 되어 있읍니다. 그러나 구라파의 어떤 나라들은 국왕 제도를 지금도 그대로 유지하면서 그러면서도 그들은 얼마나 훌륭한 민주주의를 수행하고 있읍니까?

문제는 제도에 있는 것이 아닙니다. 더 중요한 것은 인간의 영성에 있읍니다. 인간의 마음 밑바탕에 있읍니다. 그 마음의 바탕이 어떻게 변하느냐 하는 것이 더 근본적인 과제입니다.

그 당시 로마제국 내에 노예의 총수는 무려 6,000만 명에 달했읍니다. 로마시에만 65만 명의 노예가 있었다고 기록되어 있읍니다. 그 당시에 노예들의 인권은 완전히 유린되고 있었읍니다. 그런데 바울이 노예제도의 폐지를 한 번도 외치지 않은 것은 이상하지 않습니까?

오늘날의 여성 신학자들, 오늘날의 소위 인권 해방을 복음 보다 더 강조하는 사람들 같으면 이 사실 앞에서 얼마나 핏대를 올렸겠읍니까?

그런데 바울이 이런 문제에 대해서 완전히 침묵을 지키고 있다는 사실이 이상하지 않습니까? 하지만 바울은 너무 잘 알았읍니다. 제도의 개혁이 인간의 문제를 해결할 수 없다는 사실을 말입니다. 어떤 의미에서 구조적 개혁을 오늘의 현실의 유일한 희망으로 진단하는 것은 인간에 대한 피상적이요 허구적인 낙관에 기인한 것입니다.

그러나 바울은 소위 "인간 해방"이 인간의 깊은 문제를 해결해 주기에는 인간 안에 너무도 악한 부패성이 있다는 사실을 알고 있었읍니다. 그는 "노예 제도를 폐지하라, 제도를 바꾸어라, 데모하라, 폭력을 사용하라, 무대를 바꾸어라"고 외치지 않았읍니다. 대신 조용히 오네시모에게 전도했읍니다. 또 오네시모의 주인인 빌레몬에게도 전도했읍니다. 그 결과 두 사람이 다 그리스도 안에서 형제가 되었읍니다. 그리고 이 노예를 돌려 보내면서 "빌레몬이여, 이제는 노예가 아니다. 이제는 네 형제다"라고 말합니다. 빌레몬과 오네시모가 만나는 그 순간 그들은 제도의 굴레를 뛰어넘어서 그리스도 안에 있는 놀라운 형제라는 새로운 각성을 가지고 다시 만날 수가 있었읍니다. 이러면서 진정한 의미에서 인권이 사실상 회복된 것입니다.

사실 그 당시의 그리스도인들은 혁명 운동을 하지 않았읍니다. 그러나 이 순수한 복음이, 이 영광스러운 구속의 복음이 로마 사회를 뚫고 들어가자마자 드디어는 A. D. 313년 콘스탄티누스 대제가 기독교를 국교로 공인했읍니다. 그리고 기독교의 복음 앞에 손을 들고 항복을 선언했읍니다.

그 전 해인 312년에는 노예를 죽이는 것을 금지하라는 법

령이 제도화되었읍니다. 그리고 A. D. 400년대에 이르러서 노예 제도는 사실상 폐지된 것이나 다름이 없었읍니다. 무엇이 이 노예제도를 폐지시켰읍니까? 그것은 노예제도를 폐지시키라는 소위 정치적인 운동에 의해서가 아니라 소리없이 고요한 중에 전하는 사랑의 복음운동 때문이었읍니다.

소위 "나라"를 위해서 운동을 하는 분들을 가끔 보면 그들만이 가장 큰 일을 하는 것 같고, 다른 모든 사람들은 다 비겁하게 타협하는 것 같이 생각합니다. 그러면서 다른 사람들을 정죄하는, 소위 급진적 해방 신학자들의 얼굴을 가끔 보게 됩니다.

우리는 "나라"를 위하고 "의"를 위하는 그분들의 동기를 이해할 수 있고 존경할 수 있읍니다. 그러나 나와 같은 방법으로 "나라"를 사랑하지 않는다고 해서 다른이들은 모두 "나라"를 사랑하지 않는 것이라고 단정하는 흑백논리는 곤란합니다. 더욱 그리스도인들은 올바른 목표를 수행하는 데 있어서 올바른 수단을 사용해야 할 책임을 갖습니다. 목적이 수단을 정당화하지 못하기 때문입니다. 사회개혁에 대한 최대의 성경적 방편은 복음전도입니다. 복음전도의 참 능력을 아는 성도들에게 있어서는 이것은 보다 확실한 사회변혁에의 첩경이 됩니다.

바울은 인간의 문제를 해결하지도 못하면서 기독교를 오도시키고 변질시키고 있는 다른 어떤 방법으로 사회문제에 접근하지 않았읍니다.

바울은 성경에 나타난 예수 그리스도의 보혈의 복음, 이 순수한 복음만을 가지고 사람들의 영혼에 접근했읍니다. 그런데 이 복음이 역사를 바꾸었읍니다. 이 복음이 세계를 새롭게 했읍니다. 이 복음이 인간을 참으로 인간답게 만들었읍니다. 겉으로만 소리가 높은 그 요란한 함성이 아니라, 소리없이 전달

되는 예수 그리스도의 사랑의 복음의 운동만이 인간을 근본적
으로 해방시킬 수 있다는 교훈을 우리는 여기서 깨닫게 됩니
다.

한걸음 더 나가서 바울의 사랑을 보십시오.
"저가 만일 네게 불의를 하였거나 네게 진 것이 있거든 이것
을 내게로 회계하라"(18절).
이 말씀은 오네시모가 진 부채를 바울이 변상하겠다는 이야기
입니다. 참된 사랑에는 언제나 물질적인 희생이 따릅니다. 바
울은 그 희생을 기쁘게 감수하기를 원했읍니다.
고린도후서 12장 15절에서 바울은 고린도 교회 성도들에게
이렇게 말합니다.
"내가 너희 영혼을 위하여 크게 기뻐함으로 재물을 허비하고
또 내 자신까지 허비하리니 너희를 더욱 사랑할수록 나는 덜
사랑을 받겠느냐."
이것이 한 영혼에게 접근하는 바울의 태도였읍니다. 여기 화
해의 십자가를 걸머지고 있는 바울의 사랑을 봅니다.
유명한 종교개혁자 마틴 루터(**Martin Luther**)는 이런 이야
기를 했읍니다.
"우리는 모두 하나님의 오네시모들이 되어야 한다."

우리는 모두 하나님의 형상대로 지음을 받은 유익한 존재로
서 하나님 앞에 기대되는 존재들이었읍니다. 그러나 죄로 말
미암아 우리는 이름값을 하지 못하는 무익한 존재가 되고 말
았읍니다.
"의인은 없나니 하나도 없고…다 치우쳐 한 가지로 무익하게
되고."
그러나 예수께서 오셔서 그 흘리신 피로 우리를 죄와 사망에
서 건져 주셨읍니다. 그때 우리는 비로소 하나님 앞에서 유익
한 존재가 되었읍니다. 누구 때문에 이 변화가 일어났읍니까?

예수님 때문입니다. 이 땅에 오셔서 우리 죄를 짊어지고 주님과 나 사이를 회복시켰던 예수 그리스도의 사건./

바울은 지금 빌레몬과 오네시모 사이에서 화해의 중보자 역할을 하고 있읍니다. 이것은 하나님과 인간 사이에 서 계신 예수 그리스도의 모습을 방불케 하고 있지 않읍니까?

바울이 이렇게 할 수 있었던 이유가 무엇이라고 생각하십니까? 오네시모가 진 빚이 있으면 나에게 회계하라고 말할 수 있었던 이 엄청난 사랑의 배후에는 무엇이 있었읍니까?

그것은 바울이 주님의 큰 사랑을 먼저 체험하였기 때문입니다. 조건없이 자기의 죄를 용서해 주신 주님의 사랑을 받았기 때문입니다. 이 때문에 바울은 그 사랑을 오네시모에게 줄 수가 있었던 것입니다.

사랑하는 여러분./ 우리가 인간으로서 누릴 수 있는 가장 커다란 기쁨은 용서받은 기쁨입니다. 이 기쁨이 당신 안에 있읍니까?

유명한 코페르니쿠스(Copernicus)는 위대한 수학자요 천문학자이며 그리고 과학자였읍니다. 그런데 이 코페르니쿠스가 죽음을 앞에 두고 유언을 했읍니다. 그 유언을 따라 그가 묻혀 있는 묘비명에는 다음과 같은 글귀가 새겨져 있읍니다.
"나는 바울의 특권을 구하지 않는다. 나는 베드로에게 주신 능력도 구하지 않는다. 나는 다만 강도에게 주신 용서를 원한다."

세계 제1차 대전이 끝난 직후의 일입니다. 전쟁이 끝난 후 대문에 별표를 그려 놓은 집이 많이 있었읍니다. 그 별표는 그 집의 누군가가 전쟁에 나가서 싸우다가 죽었다는 표시였읍니다.

성탄이 가까와 온 어느 저녁에 예수를 믿는 어느 아버지와 꼬마가 거리를 걷고 있었읍니다.

꼬마가 아버지에게 이렇게 묻습니다.

"아빠, 저 별표는 뭐야?"

아빠가 대답합니다.

"저 별표는 저 집의 누군가가 우리의 자유와 평화를 위해서 피를 흘리며 싸우다가 죽었다는 것을 표시하는 것이란다."

한참 거리를 걷다가 황혼녘에 빛나기 시작한 하늘의 한 별을 바라보면서 꼬마가 묻습니다.

"아빠, 저 별은 무슨 표시예요?"

이 신앙심 깊은 아버지가 웃으면서 대답합니다.

"애야, 저 별은 우리를 죄에서 해방시키시고 참 구원과 자유와 평화를 주시려고 주님께서 죽으신 것을 하나님께서 우리에게 말씀하시는 것 같구나."

참으로 아름다운 대화입니다.

그분이 이 땅에 오셔서 우리를 위해서 죽으셨기 때문에 우리에게 자유와 용서와 죄사함이 허락되었읍니다. 또 바울의 놀라운 사랑의 삶이 우리의 삶이 될 수가 있었던 것입니다.

당신과 제가 그 주님에게서 감당할 수 없는 무조건적이고 가식 없는 사랑을 받았다면, 이제 우리가 이 사랑을 우리 주변에 있는 누군가에게 베풀 차례입니다.

바울의 사역
(20～25절)

I. 빌레몬에 대한 바울의 애정 (20～22절)

우리는 이제까지 빌레몬의 육신적 노예였던 오네시모가 어떻게 바울 사도를 만나 예수 그리스도의 복음을 듣고 회심하여 그리스도인이 되었는가를 살펴보았습니다. 오네시모가 그리스도인이 된 후에 바울은 이제 오네시모를 옛주인인 빌레몬에게 돌려 보내어 그의 과거를 바로잡도록 하는 결단을 내립니다. 그러나 그 당시에 도망친 노예가 붙잡히게 되면 목숨을 잃는 잔악한 상황이 만연하고 있었읍니다. 이 상황에서 바울은 비록 노예지만 그리스도 안에서 형제가 된 오네시모를 사랑으로 용납하고 받아달라는 간절한 사랑의 서신을 기록합니다.

"갇힌 중에서 낳은 아들 오네시모."

옥중에서 복음을 전하여 그리스도인이 되게 한 사랑하는 믿음의 아들이었던 오네시모! 이 오네시모를 위해서 바울이 쓴 뜨거운 사랑의 서신, 이 감격스러운 편지가 바로 빌레몬서임을 우리는 같이 생각했읍니다.

특별히 오네시모가 노예이지만 노예 제도를 폐지해야 된다는 그런 구호로서 바울이 접근하지 않았다는 점을 주목해서 보았읍니다. 바울은 오히려 오네시모의 주인인 빌레몬에게 복음을 전했읍니다. 또 빌레몬의 노예였던 오네시모에게도 복음을 전했읍니다. 이때 그들은 주종관계의 사회적 신분을 넘어서 그리스도 안에서 형제가 되었읍니다. 특별히 16절의 "이후로는 종과 같이 아니하고 종에서 뛰어나 곧 사랑받는 형제로 둘 자라"는 말씀을 강조했읍니다. 이렇게 해서 복음을 전했던 그 사실이 그 당시의 커다란 사회적 장벽이었던, 노예 제도를 뛰어넘게 되었음을 살펴보았읍니다. 그리고 주인과 종이 그리스도 안에서 사랑하게 되는 놀라운 인간애를 꽃피우게 되는 장면도 생각했읍니다. "제도를 바꿉시다. 사회를 혁명합시다"라는 인간의 거센 소리가 우리 세계에 희망의 빛을 던져 주지 못합니다. 그러나 소리 없는 사랑의 증거, 복음의 증거는 훨씬 더 인간을 깊이 변화시킵니다. 이렇게 변화된 사람들이 모인 공동체를 통해서 사회는 또한 변화를 이루게 됩니다.

이 모든 부탁을 한 후에 바울은 20절에서 이렇게 말합니다. "오 형제여./ 나도 주 안에서 너를 인하여 기쁨을 얻게 하고 내 마음이 그리스도 안에서 평안하게 하라."
이 말씀은 "내 요청을 받아 주셔서 오네시모를 형제로 영접함으로 내 마음에 기쁨을 얻게 하고, 또한 내 마음이 그리스도 안에서 평안해질 수 있도록 내 부탁을 들어 주시오"라고 다시 한번 다짐하는 간구입니다.
21절에서 바울은 자신이 부탁한 것 이상으로 빌레몬이 사랑을 보여 줄 것을 믿는다는 고백을 합니다.
22절에서는 불원간 빌레몬을 만날 것을 기대하며 만났을 때에 이 모든 일을 사랑으로 처리한 아름다운 간증을 나누고 싶다는 바울의 부탁을 보게 됩니다.

II. 마지막 문안 (23~25절)

빌레몬서의 마지막 부분인 23절 이하 25절에서 바울은 빌레몬서의 서신을 맺습니다. 그리고 대단히 중요한 문안을 합니다. 이 편지의 서두가 문안으로 시작되었듯이 맺는 말도 문안으로 끝나고 있습니다.

그런데 이 마지막 문안에 바울은 자기 외에 다섯 사람을 참여시키고 있습니다. 이들은 말할 것도 없이 바울의 복음의 동역자들입니다. 바울의 성공적인 사역의 배후에는 이 이름없고 빛없는 다섯 사람의 희생과 봉사가 있었다는 사실을 우리는 상기해야만 합니다. 그들은 모두가 바울을 바울되게 한 사람들입니다.

바울은 이들과 함께 일함으로써 비로소 복음선교사상 최대의 드라마를 연출할 수가 있었읍니다.

복음의 사역, 즉 하나님의 일에는 영웅주의 혹은 개인주의라는 것은 용납되지 않습니다. 아니! 용납되어서도 안 됩니다.

신앙의 결단은 개인적인 것입니다. 내가 예수를 믿을 때 나 개인이 복음을 듣고 나 개인이 그리스도를 구주와 주님으로 받기로 결단합니다. 그리고 나 개인이 죄를 회개하고 받아들이기로 결심함으로 주님 앞에 나와 하나님의 자녀가 되는 것입니다. 이 모든 것은 개인적인 결단에 근거한 것입니다.

그러나 일단 믿고 한 영혼이 구원을 받는 순간 하나님의 자녀가 되자마자 더 이상 그는 외톨이가 아닌 것입니다. 그는 하나님의 가족 중의 한 형제로서, 공동체의 한 일원으로서 태어나는 것입니다. 우리가 마치 이 세상에 태어날 때 홀로 태

어나지만 태어난 후에 가족 중의 한 사람이 되는 것과 마찬가
지입니다. 내가 성령으로 거듭나자마자 나는 이 큰 하나님의
가족이 된 것입니다. 하나님의 세계적인 가족 중의 한 식구가
된 것입니다. 좋아도 싫어도 이제 우리는 이러한 신앙적 가정
의 보금자리에서 형제들과 함께 믿음을 성숙시켜 나가야 합니
다. 그는 이제 그리스도의 몸의 한 지체가 되어 다른 지체들
과 상합하며 연락하여 몸의 기능을 발휘하는 일에 이바지하지
않으면 안 됩니다.

고린도전서 12장에는 그리스도의 몸인 교회의 기능을 지체
들이 서로 연락하고 상합하는 일과 비교하고 있읍니다. 특히
12절 이하 27절에서 바울은 성도의 교제의 중요성, 즉 교회
를 통한 교제의 중요성과 비밀을 생생하고 분명하게 가르치고
있읍니다.
한 마디로 그 교훈의 초점은 이렇습니다.
"하나님의 일이란 아무도 혼자 할 수는 없다."
우리 몸은 손과 팔 등 온몸의 기관들이 모여서 비로소 몸의
기능을 나타냅니다. 마찬가지로 복음의 사역은 본질적으로 팀
웍(Team work)으로서 되어지는 사역이라는 것을 바울은 강
조하고 있읍니다.

사실 바울이 고린도 교회를 향해서 팀웍을 강조하게 된 배
경은 이러합니다.
고린도 교회는 팀웍이 약했읍니다. 고린도 교회는 문자 그대
로 고전을 면하지 못하고 있었던 교회입니다. 바울은 영적으
로 고전을 면치 못하고 있던 고린도 교회 성도들에게 팀웍을
강조합니다. 고린도전서 3장 3절 이하에 보면 고린도 교회의
상황을 잘 짐작하게 됩니다.
3절 이하의 말씀을 보겠읍니다.
"너희가 아직도 육신에 속한 자로다 너희 가운데 시기와 분

쟁이 있으니 어찌 육신에 속하여 사람을 따라 행함이 아니리
요 어떤 이는 말하되 나는 바울에게라 하고 다른이는 나는 아
볼로에게라 하니 너희가 사람이 아니리요"(3, 4절).
고린도 교회 교인들은 파당을 지어서 행사하고 있었던 모습을
이 말씀에서 발견하게 됩니다. 고린도 교회는 방언도 많이 했
읍니다. 은사를 많이 받았던 교회입니다. 그럼에도 불구하고
그들은 그들의 인간적 파당의 문제를 해결하지 못하고 있읍니
다. 바울은 이 고린도 교회 교인들에게 너희들은 아직도 육신
에 속한 성도라고 지적합니다. 그리스도 안에서 아직도 어린
아이와 같다고 지적합니다. 아직도 이기심을 벗어나지 못하고
있다고 지적합니다.

　1장을 보면 그 배경을 좀더 잘 알 수가 있읍니다.
1장 12절의 말씀을 보겠읍니다.
"이는 다름 아니라 너희가 각각 이르되 나는 바울에게 나는
아볼로에게 나는 게바에게 나는 그리스도에게 속한 자라 하는
것이니."
어떤 사람은 바울이라는 사람을 따라 다니는 바울파였읍니다.
어떤 사람은 아볼로파였읍니다. 또 어떤 사람은 열정적인 열
정의 소유자 게바(베드로)파였읍니다.
　그러나 이들 파보다 더 얄미운 파가 있었읍니다. 그 파는
"나는 아무 데도 속하지 않습니다. 나는 초교파입니다. 나는
그리스도파입니다"라고 주장하는 그리스도파입니다. 그들은
자기는 그리스도에 속할 뿐이라고 말하면서 그런 사람들끼리
하나의 파를 만든 것입니다. 이런 것을 보면 결국 교제의 파
가 없을 수가 없나 봅니다. 문제는 내가 그것을 어떻게 초월
하고 그리스도 안에서 순수하게 형제와 자매를 용납할 수가
있느냐 하는 것입니다.

　그런데 바울은 이러한 사람들에게 고린도전서 3장 5절 이

하에서 이렇게 말합니다.

"아볼로는 무엇이며 바울은 무엇이뇨 저희는 주께서 각각 주
신 대로 너희로 하여금 믿게 한 사역자들이니라 나는 심었고
아볼로는 물을 주었으되 오직 하나님은 자라나게 하셨나니 그
런즉 심는 이나 물 주는 이는 아무것도 아니로되 오직 자라나
게 하시는 하나님뿐이니라."

아볼로, 베드로, 바울 등 이 모든 사람들은 하나님에게 쓰임
을 받는 도구에 불과했던 것입니다. 도구를 신격화해서는 안
됩니다. 그러나 무엇보다도 한 하나님의 사역을 하는 사람들
이 어떻게 팀웍을 이루어서 하나님의 일을 진행하느냐가 중요
한 과제입니다.

　계속되는 말씀 9절을 보겠읍니다.

"우리는 하나님의 동역자들이요 너희는 하나님의 밭이요 하나
님의 집이니라."

바울은 우리는 다 하나님과 함께 일하는 하나님의 동역자들이
라고 말합니다.

　하나님은 나를 통하지 않고도 역사하실 수가 있읍니다. 그
러나 하나님이 나를 통해서 역사하기를 원하시는 것은 하나님
께서 내게 주시는 특권입니다. 우리가 가진 가장 지고의 특권
이 있읍니다. 그것은 하나님과 함께 일할 수 있게 된 특권입
니다.

　주님은 우리 없이도 전도하실 수 있는 분입니다. 우리가 꼭
필요한 것은 아닙니다. 그러나 주님은 우리를 통해서 일하시
기로 작정하셨읍니다. 그것은 우리에게 주시는 하나님의 은혜
입니다. 그래서 하나님이 내게 맡겨 주시는 그 일을 할 때 나
는 하나님과 함께 일하는 동역자가 되는 것입니다.

　더 원색적인 우리말의 표현을 빌리면 하나님의 동업자가 됩
니다. 우리가 주님과 함께 동업자가 되었다는 사실을 생각해
보십시오./

  우리는 하나님의 동역자들이라고 바울은 말합니다. 바울도 그 중에 한 사람에 불과합니다.

  이제 우리는 이 짧은 서신의 말미에 언급된, 지금까지 우리의 관심을 끌지 못했던 바울의 동역자들에게 관심을 갖기를 원합니다. 바울의 사역은 결코 그 혼자의 사역이 아니었다는 것을 이 마지막 문안 부분을 통해서 알 수가 있습니다. 이 인정받지 못했던, 그리고 그늘 속에 가리웠던 하나님의 사람들의 소중한 헌신을 여기서 기억하고 싶습니다.

  여러분, 신약에서 특히 바울서신과 사도 요한이 기록한 요한서신을 읽으면서 가장 많이 등장하는 단어 중의 하나가 무엇인지 아십니까? 그것은 "서로"라는 단어입니다. 이 단어가 신약성경에 무려 50번이나 등장합니다. 우리 모두는 그리스도 안에서 서로 "서로"가 되어 함께 울고, 웃고, 괴로워하고 헌신하며 서로 하나님 나라를 위해서 일하는 복음의 동역자입니다. 이 사실을 바울이 강조하는 것입니다.

  여기서 바울과 함께 일한 동역자들이 바울의 복음 사역에 있어서 얼마나 중요한 인물이었는가를 기억하고 싶습니다.

1 에바브라 디도
바울의 동역자 중 맨 처음 에바브라가 등장합니다.

  골로새서 4장 12절에 보면 에바브라를 가리켜서 바울이 "너희에게서 온 사람이라"고 한 것을 보게 됩니다. 골로새서는 바울이 골로새 교회를 향해서 보내는 서신입니다. 그러므로 에바브라는 골로새 지방 출신의 인물이라는 것을 알 수 있읍니다.

  골로새서 1장 7절을 보겠읍니다.
"이와 같이 우리와 함께 종된 사랑하는 에바브라에게 너희가 배웠나니 그는 너희를 위하여 그리스도의 신실한 일꾼이요."
에바브라는 바울의 사랑하는 동역자입니다. 뿐만 아니라 골로새 교회의 성도들을 영적으로 양육하던 사람인 것을 이 말씀을 통해서 보게 됩니다.

어떻게 에바브라가 주님을 알게 되었을까요?
골로새에서 그리 멀지 않은 곳에 에베소라는 도시가 있습니다. 바울은 골로새 지방을 방문한 일은 한 번도 없습니다. 그러나 이 에베소라는 도시의 두란노 서원에서 약 3년간 머물며 복음을 증거했습니다. 아마도 그때 에바브라는 골로새 지방으로부터 에베소에 있는 두란노 서원에 와서 바울의 설교를 듣고 예수를 믿었을 것이라고 추정됩니다. 에베소는 그 당시 소아시아의 정치, 경제, 교통의 중심지였습니다.
사도행전 19장 9절 이하 10절을 보겠습니다.
"어떤 사람들은 마음이 굳어 순종치 않고 무리 앞에서 이 도를 비방하거늘 바울이 그들을 떠나 제자들을 따로 세우고 두란노 서원에서 날마다 강론하여 이같이 두 해 동안을 하매 아시아에 사는 자는 유대인이나 헬라인이나 다 주의 말씀을 듣더라."
말씀을 듣지 않고 항상 비판과 부정적인 언변을 일삼는 사람과는 상대할 필요가 없습니다. 그러나 이 말씀을 순전하게 받는 사람들을 따로 데려다가 바울은 두란노 서원에서 날마다 말씀을 강론했습니다. 그 결과 그 지역 전체가 하나님의 말씀에 대한 충격적인 영향을 받고 있었다는 것을 볼 수 있습니다.

계속되는 26절의 말씀을 보겠습니다.
"이 바울이 에베소뿐 아니라 거의 아시아 전부를 통하여 허다한 사람을 권유하여 말하되."
바울은 에베소를 중심으로 해서 사역을 했지만 그의 사역의 영향권은 아시아 전체에 미치고 있었던 광경을 알 수가 있습니다. 또한 바울의 영향으로 그리스도를 알고 그리스도의 제자가 된 골로새의 한 인물이 에바브라였을 것이라는 사실을 추정할 수가 있읍니다.

그 후에 에바브라는 자기 고향 골로새에 돌아가 복음을 증거했을 것입니다. 그리고 그는 골로새 교회를 세워서 이 교회의 창립자요 목회자가 되었을 것입니다. 그러므로 에바브라는 골로새 교회의 목회자로 생각하면 되겠읍니다. 그래서 바울은 골로새서 1장 7절에서 "에바브라에게 너희가 배웠나니"라고 기록한 것입니다.

또한 바울은 에바브라를 가리켜서 "우리와 함께 종된 에바브라"라고 말합니다. 바울은 그리스도의 종이었읍니다. 바울은 "나는 그리스도의 종이다"라는 명칭을 얼마나 영광스럽게 사용했는지 모릅니다. 그런데 똑같은 표현을 에바브라에게도 사용했읍니다.
"우리와 같이 주님을 위하여 종된 에바브라…"
이 말씀은 에바브라가 얼마나 신실한 일꾼이었는가를 짐작케 합니다.

골로새서 4장 12절 이하를 보겠읍니다.
"그리스도 예수의 종인 너희에게서 온 에바브라가 너희에게 문안하니 저가 항상 너희를 위하여 애써 기도하여 너희도 하나님의 모든 뜻 가운데서 완전하고 확신있게 서기를 구하나니 그가 너희와 라오디게아에 있는 자들과 히에라볼리에 있는 자들을 위하여 많이 수고하는 것을 내가 증거하노라"(12,13절).
에바브라는 기도의 사람이었읍니다. 라오디게아, 히에라볼리, 골로새, 에베소는 모두가 인근 지역입니다. 에바브라는 열심있게 주님의 일 가운데 헌신하고 있었다는 것을 이 말씀에서 볼 수가 있읍니다.

그러나 지금 빌레몬서에서 바울은 에바브라가 어디에 있다고 말합니까? 그는 바울과 함께 로마의 감옥에 갇혀 있다는 것입니다. 그는 본래 골로새에 사는 사람인데 어찌하여 로마에까지 오게 되었읍니까? 로마에서 복음을 전하는 바울을 그냥 그대로 둘 수가 없었읍니다. 바울이 혼자 일하도록 그대로 둘 수 없다고 생각한 에바브라는 로마의 바울에게로 간 것입 니다. 그리고 자발적으로 옥에 들어와 바울을 거들고 위로하 면서 바울과 함께 하나님의 거룩한 사역을 감당하고 있었던 것입니다.

여기에서 우리는 초대 그리스도인들의 협동심이 어느 정도 인가를 알 수 있읍니다. 생각해 보십시오. 자기의 모든 개인 적인 삶을 완전히 포기하고 로마까지 와서 자청해서 감옥에 갇힙니다. 바울이 감옥에 갇혔다고 했지만 그 당시 아주 자유 가 없는 감옥은 아닙니다. 일종의 연금 상태와 비슷했읍니다. 그러한 상황 속에서 이 에바브라는 바울과 같이 로마에서 사 역하고 있었던 것입니다.

12절에서 바울은 그가 로마에 있으면서도 항상 골로새 교 인들을 위해서 애써 기도하고 있다고 말합니다. 에바브라가 골로새에 있을 때에는 로마에 있는 바울을 걱정했읍니다. 그 후 로마에 가서는 골로새에 있는 자기의 성도들을 걱정하면서 그들을 위해서 기도했읍니다. 이 말씀의 사람, 이 기도의 사 람, 에바브라는 진리에 충성하고 의리에 신실하며 목회자의 뜨거운 심장을 갖고 있었던 사람이었읍니다. 그는 골로새 일 대를 든든하게 지켰을 뿐 아니라 바울의 오른팔이 되어 사역 했읍니다. 이러한 동역자가 곁에 있었기 때문에 바울은 그 당 시 전세계를 펄펄 뛰어다니는 하나님의 사람이 될 수가 있었 던 것입니다.

우리가 천국에 가서 바울 사도를 붙들고 이렇게 묻는다고 생각해 봅시다.

"바울 선생님, 교통도 불편한 그 시대에 세계를 복음으로 뒤 흔든 그 위대한 비밀은 무엇입니까?"

바울은 이렇게 말할지 모릅니다.

"제가 아닙니다. 내 사랑하는 동지 에바브라 때문에 할 수 있었읍니다. 내가 골로새 지방을 방문하지 못했는데도 골로새 일대에서 놀라운 사역을 할 수 있었던 것은 이런 사랑하는 동역자들의 수고가 있었기 때문입니다."

2 마가

또 한 사람 빌레몬서의 마지막 부분에 등장하는 인물은 누구입니까?

그는 마가입니다. 마가라는 이름 앞에 바울은 "나의 동역자"라는 단서를 붙였읍니다.

마가는 본래 고향이 예루살렘입니다. 그는 마리아의 아들이며, 원명은 "마가 요한"입니다. 예루살렘 교회의 기도회는 주로 마가의 집에서 모였읍니다. 그래서 우리는 "마가의 다락방"이라고 부릅니다. 사도행전 12장에 보면, 베드로가 감옥에 갇혔을 때에 베드로의 석방을 위한 기도회가 바로 이 마가의 다락방에서 열렸던 것을 알 수 있읍니다. 또한 오순절 성령강림전야 기도회도 마가의 다락방에서 개최되었읍니다. 그러므로 마가는 어렸을 때부터 베드로, 요한과 같은 위대한 사도들을 잘 알고 있었을 것입니다. 골로새서 4장 10절을 보면, 마가와 바나바는 생질관계였다는 것을 알게 됩니다. 사촌이라고 말하는 학자들도 있읍니다.

시도행전 4장 37절에 보면 바나바가 밭을 팔아 헌금하는 장면이 기록되어 있읍니다. 자기의 밭을 팔아서 예루살렘 교회에 바쳤읍니다. 이 사실은 얼마나 위대합니까? 복음의 사역을 위해서 영광스러운 하나님의 사역을 위해서 자기의 모든 것을 바친다는 것은 실로 위대한 행동입니다. 죽어서 바치는 것도 위대하지만 살아서 바치는 것은 얼마나 더 위대합니까? 초대 교회는 이런 희생을 할 줄 알았읍니다. 복음을 위해서 시간도 바쳤읍니다. 삶도 바치고 목숨도 바쳤읍니다. 그런 이

유로 일 세기의 그리스도인들이 그 적은 숫자로도 세계를 뒤흔들 수 있었던 것입니다.

오늘날 우리에게서 이런 신앙의 생동력을 볼 수 있는지요?

바나바는 밭을 팔아 하나님의 사역을 위해서 드렸읍니다. 또한 마가의 집은 기도회 장소였읍니다.

제가 이런 말씀을 드리는 이유는, 이러한 배경을 보아서 아마도 마가의 집안은 여유 있는 가정이 아니였나 하는 추측을 할 수가 있기 때문입니다. 마가의 집은 기도회를 위해 제공할 만큼 넓은 장소였을 것입니다. 그의 친척이 밭을 팔아 교회에 바칠 정도라면 경제적으로도 어느 정도 여유가 있었을 것이라고 생각됩니다. 따라서 이 마가를 가리켜 "신앙좋은 부자집 아들"이라고 말할 수 있겠읍니다.

그는 어려서부터 신앙 생활을 했읍니다. 그러나 신앙적 가정에서 태어난 대부분의 자녀들이 그러기 쉬운 것처럼 뜨거운 열심도 없었을 것입니다. 일반적으로 그러기가 쉽습니다. 그래서 그들의 신앙은 타성적이고 습관적입니다.

그런데 아마도 마가는 예수의 공생애와 십자가의 수난을 직접 눈으로 목격했을 가능성이 큽니다. 흥미있는 말씀을 소개하겠읍니다.

마가복음 14장 51절을 보겠읍니다.

"한 청년이 벗은 몸에 베 홑이불을 두르고 예수를 따라오다가 무리에게 잡히매 베 홑이불을 버리고 벗은 몸으로 도망하니라."

마가복음은 마가가 기록했읍니다. 그런데 이 부분의 청년이 누구라는 것을 저자는 밝히지 않았읍니다. 그 이유는 자기의 이야기이기 때문입니다. 이 말씀에 나오는 청년은 아마도 마가 자신을 의미할 가능성이 큽니다. 그렇다면 우리는 여기서 마가가 예수님을 끝까지 따라다녔음을 알 수 있읍니다.

그런데 이 마가는 사도들 가운데서 두 사람과 특별한 관계를 맺었읍니다. 한 사람은 자기 친척이었던 바나바입니다. 그리고 또 한 사람은 누구이겠읍니까?

베드로전서 5장 13절을 보겠읍니다.

"함께 택하심을 받은 바벨론에 있는 교회가 너희에게 문안하고 내 아들 마가도 그리하느니라."

베드로는 마가를 가리켜서 "내 아들 마가"라고 말합니다. 이 마가는 신앙적으로 베드로의 영향을 많이 받았을 것입니다. 그러므로 마가의 믿음의 아버지는 베드로라고 말할 수 있읍니다. 바울의 믿음의 아들은 디모데, 디도, 오네시모가 있다고 이미 말씀드렸읍니다. 그런데 이 마가도 주로 베드로에게 많은 영향을 받은 것을 볼 수가 있읍니다. 아마도 마가는 사도 베드로의 특별한 사랑을 받으면서 성장했을 것이라고 생각됩니다.

그런데 사도행전 11장 24절 이하에 보면 "바나바와 사울이 부조(봉사)의 일을 마치고 마가라 하는 요한을 데리고 예루살렘에서 돌아오니라"는 말씀이 기록되어 있읍니다. 바나바와 바울이 한 조가 되어 전도여행을 하면서 마가를 데리고 다닌 것을 이 말씀에서 확인할 수 있읍니다.

또 사도행전 13장 5절에는 "살라미에 이르러 하나님의 말씀을 유대인의 여러 회당에서 전할새 요한을 수종자로 두었더라"는 말씀이 기록되어 있읍니다. 여기에서도 바나바와 바울은 마가 요한에게 자신들의 심부름을 시키며 전도여행에 데리고 다녔다는 것을 보게 됩니다.

그런데 문제가 생깁니다.

사도행전 15장 36절 이하의 말씀을 보겠읍니다.

"수 일 후에 바울이 바나바더러 말하되 우리가 주의 말씀을 전한 각 성으로 다시 가서 형제들이 어떠한가 방문하자 하니

바나바는 마가라 하는 요한도 데리고 가고자 하나 바울은 밤
빌리아에서 자기들을 떠나 한 가지로 일하러 가지 아니한 자
를 데리고 가는 것이 옳지 않다 하여 서로 심히 다투어 피차
갈라서니" (36~39절).
바울과 바나바가 싸운 기록이 이 말씀에 나타납니다. 인간적
인 약점을 여기에서 보게 됩니다. 바울과 바나바의 갈등은 마
가 때문에 일어났습니다. 마가 요한이 여행 중 중간에서 무단
이탈을 했기 때문입니다. 그런 이유로 바울은 이같이 불성실
한 사람을 데리고 다닐 수 없다고 선언합니다.
　그런데 팔은 역시 안으로 굽게 마련입니다. 바나바와 마가
는 친척 관계였습니다. 바나바라는 이름은 "위로의 아들"이
라는 뜻을 갖고 있습니다. 그러므로 바나바는 마가와 같이 실
수한 사람에게도 기회를 주자고 제안했을지도 모릅니다. 그는
위로를 잘 하는 사람이었기 때문입니다.
　어찌됐든 문제는 마가 때문에 일어났습니다. 아마 젊었기
때문에 그리고 부자집 자식의 기질 때문에 그랬을지도 모릅니
다. 흔히 다 그런 것은 아니지만 돈 많은 집에서 자라난 젊은
이들이 그렇게 하기가 쉬운 것처럼 마가도 그랬을지 모릅니다.
그렇게 해서 바울과 마가의 관계는 사실 좋을 수가 없었습니
다.

　그런데 놀라운 사실이 일어납니다. 바울이 로마에서 편지를
쓰는 빌레몬서에 마가를 "나의 동역자"라고 부르고 있다는 점
입니다. 바울이 쓴 마지막 편지는 디모데후서입니다.
　디모데후서 4장 11절을 보겠습니다.
"누가만 나와 함께 있느니라 네가 올 때에 마가를 데리고 오
라 저가 나의 일에 유익하니라."
이 말씀을 보면 우리가 중간의 자세한 사정을 잘 알 수는 없
지만 그 동안에 마가가 변했다는 것을 알 수 있습니다. 젊었
을 때의 실수로 바울의 가슴에 못을 박았던 마가가 나중에 변

했읍니다.

우리는 이 변화에 기대를 걸어야 합니다. 젊은이들은 실수할 수 있읍니다. 간혹 잘못할 수 있읍니다. 그러나 앞으로 하나님의 일에 유익한 존재로 쓰임을 받는 놀라운 가능성을 우리도 기대해야 합니다.

바울은 최후를 바라보면서 자기의 사역에 유익한 마가를 데리고 오라고 디모데에게 부탁합니다. 그래서 드디어 마가는 바울의 곁으로 온 것입니다. 그리고 바울의 마지막 생애를 시중들면서 열심히 전도하는 것입니다. 바울은 빌레몬서를 쓰면서 마가를 "나의 동역자 마가"라고 부릅니다. 이런 변화된 사람 마가의 도움 때문에 바울은 마지막 전도를 성공적으로 수행할 수가 있었읍니다.

③ 아리스다고

그 다음에는 아리스다고라는 인물이 등장합니다. 사도행전 19장 29절에 보면, 그는 마게도냐 출신의 사람입니다. 20장 4절에 의하면, 더 정확하게 이야기해서 데살로니가 지역의 사람입니다. 때는 주후 52년이나 혹 53년경이었읍니다. 바울은 제2차 전도여행을 하고 있었읍니다. 그러다가 사도행전 17장 2절에 보면 바울이 데살로니가에 도착합니다. 거기에서 3주를 머물며 집중 전도를 합니다. 그 다음에 수 개월을 더 머물었을 것으로 생각됩니다.

사도행전 17장 5절에 의하면 데살로니가 시의 야손이라는 사람의 집에서 데살로니가 교회가 시작됩니다. 그때 바울의 전도로 예수 그리스도를 믿기 시작한 사람이 아리스다고라고 봅니다. 데살로니가에서 바울이 체류한 기간은 대단히 짧았읍니다. 그러나 데살로니가 교회는 바울 사도의 말을 대단히 잘 받아들여서 급속히 성장했읍니다. 바울은 영적인 유모와 영적인 아버지의 심정으로 정성을 기울여 데살로니가 성도들을 수 개월 동안 양육했읍니다.

　그리고 바울이 데살로니가에서 떠날 때에 아리스다고를 데리고 떠납니다. 데살로니가에서 만난 사람 중에 총명하고, 복음에 대한 열정이 있고, 하나님의 일을 위해 헌신하고 싶어하는 이 아리스다고에게 바울이 같이 가자고 말했을 것입니다. 그래서 그는 바울을 따라나서게 됩니다.
　사도행전 19장에 보면 에베소에서 바울이 우상숭배를 공격하여 에베소 시민이 분격하는 장면을 볼 수 있읍니다.　29절을 보겠읍니다.
"온 성이 요란하여 바울과 같이 다니는 마게도냐 사람 가이오와 아리스다고를 잡아 가지고 일제히 연극장으로 달려들어 가는지라."
아리스다고는 바울을 따라다니다가 잡혀서 많은 고생을 하게 됩니다.　그러나 그렇게 고생했음에도 그는 여전히 바울의 전도여행에 동참합니다.　20장 4절에 보면 바울이 아시아를 거쳐 예루살렘에 가는 길에도 아리스다고가 최후까지 동행하는 것을 보게 됩니다.　드디어 사도행전 27장 2절에 보면 바울이 예루살렘에서 체포되어 로마로 재판을 받으러 가는 길에도 아리스다고가 동행합니다.　27장을 계속 읽어보면, 그레데 해변에서 유라굴로라는 광풍을 만나 바울이 탄 배가 풍랑을 겪게 되는 장면을 보게 됩니다, 그때에도 아리스다고는 같이 동행하면서 바울과 함께 로마로 옵니다.　그렇게 해서 지금 로마의 감옥에 있게 된 아리스다고가 빌레몬서에 등장하는 것입니다.

　저는 어느 날 이 아리스다고에 대해서 묵상을 했읍니다.
우리는 성경에서 아리스다고가 설교했다는 기록을 찾을 수가 없읍니다.
우리는 성경에서 아리스다고가 전도했다는 기록도 찾아 볼 수가 없읍니다.
우리는 성경에서 아리스다고가 기적을 베풀었다는 말도 찾아

볼 수가 없읍니다.

우리는 성경에서 아리스다고가 능력을 행했다는 기록도 찾아 볼 수가 없읍니다.

그러나 아리스다고의 삶에는 한 특색이 있읍니다. 바울이 고생을 할 때 그 옆에는 항상 아리스다고가 있었읍니다. 바울의 고난의 현장에 언제나 말없이 등장하는 인물이 바로 아리스다고입니다. 바울이 맞을 때, 바울이 갇힐 때, 바울이 굶주릴 때, 바울이 외로울 때, 바울이 고생할 때, 함께 있어 주던 사람이 아리스다고였읍니다. 우리는 아리스다고가 굉장한 어떤 일을 했다는 기록을 성경에서 전혀 찾아볼 수가 없읍니다. 그러나 저는 확신합니다. 바울에게 물어 보십시오.

"바울 선생님, 당신이 그 놀라운 일을 할 수 있었던 비밀은 어디에 있읍니까?"

바울은 틀림없이 이렇게 대답할 것입니다.

"내가 낙심할 때, 내가 외로워졌을 때, 내가 사람들 앞에 오해를 받을 때, 내 가슴이 찢어질 때, 내가 이 모든 일을 집어치우고 싶은 유혹이 올 때 내 곁에 언제나 있어 주며 용기를 북돋아 준 내 사랑하는 동지가 한 사람 있소. 아리스다고. 이 사람 때문에 나는 하나님의 일을 계속 할 수가 있었오."

여러분! 우리는 아리스다고라는 인물을 과소평가해서는 안 됩니다.

우리의 교회에는 이런 사람들이 필요합니다. 위로가 되는 사람, 격려가 되는 사람, 하나님의 사람들, 복음을 증거하는 사람들이 바로 이런 사람들 때문에 하나님의 일을 지속할 수가 있는 것입니다.

그는 눈으로 드러나는 커다란 업적을 이룬 것이 없읍니다. 그러나 숨어서 바울에게 용기와 위로와 격려를 베풀었읍니다.

오늘의 아리스다고는 어디에 있읍니까? 하나님의 일은 혼자 하는 것이 아닙니다. 손과 발 등 몸의 온 지체가 함께 그

기능을 다 합니다. 마찬가지로 숨어 있는 아리스다고가 교회에 있음으로 인해서 복음의 사역은 빛나게 되고 앞을 향해서 나갈 수가 있는 것입니다.

4 누가

한 사람 더 있읍니다. 그는 누가입니다. 그의 직업은 의사입니다.

골로새서 4장 14절에서 바울은 이렇게 기록합니다.

"사랑하는 의원, 누가…"

같은 장 11절에 나오는 할례당에서 누가는 제외되어 있었읍니다. 할례당은 유대인들입니다. 그러므로 누가는 이방인이라는 것을 알 수가 있읍니다. 이방인으로서, 지성적인 의사로서 복음을 듣고 회개하여 그리스도인이 된 사람이 누가입니다.

누가는 아마도 마게도냐의 빌립보 출신이었을 것입니다. 사도행전 16장 10절에 의하면 드로아 지방에서 누가는 처음으로 바울의 전도여행에 가담합니다. 그때부터 바울을 따르면서 그를 돕고 특별히 바울의 제2차 전도여행에 동참합니다. 그리고 또한 제3차 전도여행의 귀로에서 다시 바울을 수종하며 그와 함께 동행합니다. 뿐만 아니라 바울이 로마로 회송될 때에도 줄곧 동행합니다. 그리고 빌레몬서의 본문과 디모데후서 4장 11절에서 본 것처럼 바울의 곁에서 옥중 생활의 최후까지 누가는 머물러 있었읍니다.

바울에게는 병이 있었읍니다. 육체에 가시가 있었다고 그랬읍니다. 병을 앓던 바울 곁에 이 누가라는 의사가 곁에 있었다는 것이 바울에게 얼마나 커다란 도움이 되었을까요? 생각해 보십시오. 이 누가 같은 사람이 없었다면 바울은 바울이 되지 못했을 것입니다.

누가복음은 누가가 기록했읍니다. 사도행전도 누가가 기록했읍니다. 사도행전은 누가복음의 후편입니다. 그런데 누가

가 기록한 누가복음과 사도행전을 자세히 보면 이 두 권의 책
에 의학 용어가 많이 나오는 것을 보게 될 것입니다. 그것은
그의 직업이 의사였기 때문입니다. 병자에 대해서 지나치도록
상세한 기록이 많이 나옵니다. 누가는 유력하고 권위가 있는
의사임을 알 수가 있습니다.

　그런데 특별히 누가복음을 잘 공부해 보면 다른 복음서와
다른 것을 발견하게 될 것입니다. 누가복음은 상당히 조직적
이고, 논리적입니다. 예수님의 생애가 사복음서에 다 기록되
어 있지만 그 중에서 가장 정확하게 역사적으로 고찰해 놓은
것이 있다면 그것은 누가복음입니다. 언어 표현이 고상하고
지적 (知的) 입니다. 우리는 이 사실로 미루어 보아서 누가는
높은 교육을 받은 소양 있는 문화인이었음을 알 수 있습니다.
그는 또한 위대한 역사가요, 저술가였읍니다. 또한 누가복음
의 그림 같은 회화적 장면을 보면 그가 예리한 분석력과 화가
의 안목도 가진 사람임을 알 수 있습니다.

　누가는 어떤 사람입니까 ?
미국의 남 침례신학교에서 오랫동안 언어를 가리킨 세계적
인 언어학자인 에이티 로버트슨이라는 사람이 있읍니다.
　그는 누가라는 인물에 관해서 이런 묘사를 했읍니다.
"누가는 어떤 사람인가? 그는 헬라인이며 그리스도인, 바울
과 데오빌로의 친구, 바울의 주치의, 설교가, 문필가, 가난한
자의 친구, 여사들과 어린이들의 벗, 의인과 죄인들의 친구,
역사가, 시인, 신비적이며 음악적 소양이 있는 문화인, 신앙
있는 휴머니스트, 땅과 바다를 즐기는 여행가, 성경학도이며,
의료 선교사, 과학과 신학적 지식을 겸비한 사람, 베드로와
바울의 인물사가, 무엇보다도 그리스도와 바울의 연인이며 해
설자, 그리고 믿음과 기도의 사람."
누가는 이런 찬사를 받기에 합당한 그토록 아름다운 인물입니
다. 이 다재다능한 지성인이 바울의 곁에 있으면서 바울의 사

역에 얼마나 커다란 도움이 되었을까 하는 것은 상상하기에 어렵지 않습니다.

갈라디아서 4장 13절을 보면 바울은 육체의 약함을 고백합니다. 우리는 얼마나 육체의 가시가 바울을 괴롭혔는지 짐작할 수가 있읍니다. 이런 약한 바울에게 유력한 의사 누가가 곁에 동행하고 있었다는 사실은 바울의 전도 여행 중에 얼마나 커다란 힘이요 위로였을까요?

디모데후서 4장 11절에서 바울의 제2차 옥중생활 중 최후의 마지막 시간이 가까와 왔을 때 바울은 이렇게 말합니다. "누가만 나와 함께 있느니라."
모든 사람이 외로운 사도를 버리고 뿔뿔히 도망갈 때에도 누가는 끝까지 바울의 병상을 지켰읍니다. 그리고 그를 도우며 함께 복음의 사역에 동참해 주었읍니다. 바울이 그를 가리켜 "사랑하는 나의 의원 누가"라고 말한 것은 지나친 표현이 아닙니다. 과장이 아닙니다.

누가복음과 사도행전에서 결코 누가는 자기 자랑을 한 번도 하지 않았읍니다. 이 겸손하고 실력 있는 이방의 지식인! 이런 누가 때문에 바울은 하나님의 일을 감당할 수가 있었던 것입니다.

하나님의 밭에서 일하는 일군들에게 하나님은 지식을 요구하시지 않습니다. 지식의 배경이 없이도 하나님의 일을 할 수가 있읍니다. 그러나 하나님의 밭에는 지식 있는 사람도 필요합니다. 여기 지식을 가지고도 가장 겸손하게 주님을 섬긴 아름다운 모습을 우리는 누가에게서 발견합니다.

우리는 이렇게 하여 바울이 그 위대한 사역을 감당할 수 있었던 사실을 볼 수가 있읍니다.

바울과 함께 일했던 인물들을 살펴보면서 마지막으로 꼭 기억하고 싶은 성경구절 하나를 소개하겠읍니다.

에베소서 4장 11절 이하의 말씀을 보겠읍니다.

"그가 혹은 사도로 혹은 선지자로 혹은 복음 전하는 자로 혹은 목사와 교사로 주셨으니 이는 성도를 온전케 하며 봉사의 일을 하게 하며 그리스도의 몸을 세우려 하심이라 우리가 다 하나님의 아들을 믿는 것과 아는 일에 하나가 되어 온전한 사람을 이루어 그리스도의 장성한 분량이 충만한데까지 이르리니…오직 사랑 안에서 참된 것을 하여 범사에 그에게까지 자랄지라 그는 머리니 곧 그리스도라 그에게서 온 몸이 각 마디를 통하여 도움을 입음으로 연락하고 상합하여 각 지체의 분량대로 역사하여 그 몸을 자라게 하며 사랑 안에서 스스로 세우느니라"(11~16절).

교회 안에 여러 가지 은사를 가진 사람을 하나님께서 주셨읍니다. 하나님께서는 이 여러 가지의 사람들이 모여서 교회 안에 있는 모든 성도들 한 사람 한 사람의 믿음이 온전해 지게 합니다. 또한 봉사의 일을 하게 합니다. 그래서 든든하게 그리스도의 몸을 세우게 하십니다. 교회 안에서 다양한 각 지체들은 사랑 안에서 주님의 인격을 닮은 데까지 자라야 합니다. 주님은 머리이십니다.

여러분, 몸의 분쟁이 일어나 보십시오. 손과 발의 싸움이 시작됩니다. 눈과 입의 전쟁이 일어나기 시작합니다. 어떻게 되겠읍니까? 우리 온 몸이 실효성있게 활동하기 위해서는 온 몸의 일체감이 절대적으로 요청됩니다. 사랑의 하모니, 이 사랑의 조화가 얼마나 중요합니까? 이 협동심을 통해서 우리 몸의 역사가 일어나는 것입니다. 우리 몸의 가장 적은 부분까지 소중히 여겨야 합니다. 그렇습니다. 복음은 협동을 통해서만 전파됩니다. 우리의 협동이 와해될 때 교회는 선교의 사명을 감당할 수가 없읍니다.

그래서 주님은 요한복음 17장에서 "아버지여 우리가 아버지 안에서 하나가 되는 것처럼 저희들도 하나가 되어 세상으

로 하여금 우리가 하나인 것을 알게 해주십시오"라고 기도
하십니다.

  하나된 교회의 증거를 통해서만 선교는 밖을 향해서 나갈
수가 있는 것입니다. 이 비젼을 이루기 위해서, 세계를 복음
으로 뒤집기 위해서 우리는 하나가 될 수 있는지요? 그리고
하나된 사역을 통해서, 이 사랑의 에너지를 통해서 세계를 참
으로 뒤집어 엎는 하나님의 영광스러운 사역을 위해서 기도하
고, 마음과 삶을 바치는 하나된 위대한 공동체를 형성해서 앞
을 향해서 나갈 수가 있는지요?
  이 영광스러운 부르심 앞에 당신의 참여를, 헌신을, 사랑을,
기도를, 애정을 구하겠읍니다.
그리하여 이 책의 멧세지는 오늘을 사는 여러분과 저에게 "이
렇게 증거하라"고 도전하고 있는 것입니다.

망망한 바다 한가운데서 배 한 척이
침몰하게 되었습니다.
모두들 구명보트에 옮겨 탔지만
한 사람이 보이지 않았습니다.
절박한 표정으로 안절부절 못하던 성난 무리 앞에
급히 달려 나온 그 선원이
꼭 쥐고 있던 손바닥을 펴 보이며 말했습니다.
"모두들 나침반을 잊고 나왔기에 … "
분명, 나침반이 없었다면 그들은 끝없이 바다 위를
표류할 수밖에 없을 것입니다.

삶의 바다를 항해하는 모든 이들을 위하여
우리는 그 나침반의 역할을 하고 싶습니다.
우리를 구원하신 아름다운 주님을
21세기 문명의 이기(利器)를 통하여
널리 전하고 싶습니다.

우리 나침반 가족은
구원의 복음과 진리의 말씀을 전하며
당신의 믿음 성장과 삶을, 가정을, 증거를,
그리고 당신의 세계를 돕고 싶습니다.

그리스도 안에서
우리는 당신을 진실로 사랑합니다.

"하나님은 모든 사람이 구원을 받으며
진리를 아는 데 이르기를 원하시느니라."
(디모데전서 2장 4절)

이렇게 증거하라

지 은 이 | 이동원
발 행 인 | 김용호
발 행 처 | 나침반출판사

제18판발행 | 2005년 12월 1일

등   록 | 1980년 3월 18일 / 제 2-32호
주   소 | 110-616 서울 광화문 사서함 1641호
전   화 | 본 사 (02)2279-6321~3
         영업부 (031)932-3205
팩   스 | 본 사 (02)2275-6003
         영업부 (031)932-3207

홈 페 이 지 | **www.nabook.net**
이 메 일 | nabook@korea.com

ISBN 89-318-1049-0
책번호 마-1111

값은 뒷표지에 있습니다.

나침반출판사는 우리를 구원하신 아름다운 주님을
21세기 문명의 이기(利器)를 통하여 널리 전하고 싶습니다.